Wolffs Broschur

GUILLAUME APOLLINAIRE

Flaneur in Paris

Aus dem Französischen übersetzt
und herausgegeben von Gernot Krämer

FRIEDENAUER PRESSE Berlin

Inhalt

Erinnerung an Auteuil	7
Die Buchhandlung von Monsieur Lehec	21
Rue Bourbon-le-Château Nr. 1	37
Weihnachtslieder in der Rue de Buci	45
Vom »Napo« zum Zimmer von Ernest La Jeunesse	56
Die Quais und die Bibliotheken	69
Das Kloster in der Rue de Douai	82
Die Garküche Michel Pons	88
Ein unbekanntes Napoleon-Museum	93
Der Keller von Monsieur Vollard	97
Anmerkungen	104
Nachwort	125

ERINNERUNG AN AUTEUIL

Die Menschen geben nichts ohne Bedauern auf, und selbst Orte, Dinge und Personen, die sie besonders unglücklich gemacht haben, verlassen sie nicht ohne Schmerz. Und so habe auch ich dich, fernes Auteuil, du reizvolles Viertel meiner großen Traurigkeiten, 1912 nicht ohne Wehmut verlassen. Ich bin erst 1916 zurückgekehrt, um mich in der Villa Molière einer Schädeloperation zu unterziehen.

Als ich mich 1909 in Auteuil niederließ, sah die Rue Raynouard noch wie zu Balzacs Zeit aus. Heute ist sie ziemlich häßlich. Es bleibt die Rue Berton, die noch Petroleumlampen beleuchten, aber auch das wird sich gewiß bald ändern.

Sie ist eine alte Straße zwischen den Vierteln Passy und Auteuil. Ohne den Krieg wäre sie verschwunden oder nicht wiederzuerkennen.

Die Verwaltung hatte beschlossen, ihr allgemeines Aussehen zu verändern, sie zu verbreitern und befahrbar zu machen.

Man hätte eine der malerischsten Ecken von Paris beseitigt.

Sie war ursprünglich ein Weg, der vom Seineufer durch die Weinberge die Höhen von Passy erklimmt.

Der Charakter der Straße hat sich seit Balzacs Zeit kaum geändert, der ihr folgte, um aufdringlichen Leuten zu entgehen, und in Saint-Cloud die Kutsche nach Paris nahm.

Wer am Quai de Passy auf die Rue Berton stößt, sieht nur einen ausgefahrenen steinigen Weg zwischen verfallenen Mauern, links ein herrlicher Park, rechts ein Grundstück, das die Besitzer für sehr unterschiedliche und recht eigenartige Zwecke nutzen. Ein Teil dient als Blumengarten, ein anderer zum Gemüseanbau; dort liegt Baumaterial, und durch ein Tor am Quai gelangt man auf einem breiten sandbestreuten Weg zu einem großen Holztheater. Das Haus, Salle Jeanne-d'Arc genannt, überrascht an diesem Ort. 1914 verkündeten damals schon vergilbte und zerfetzte Plakate, daß vor fünf oder sechs Jahren die »Passion unseres Herrn Jesu Christ« gespielt wurde. Die Darsteller waren wohl vornehme Leute, und vielleicht sind Sie dem Jesus von Auteuil einmal in einem Salon begegnet; ein bekehrter Börsenbaron glänzte womöglich in der undankbaren Rolle des von den Kainiten als Heiliger verehrten Judas, der als Finanzmann begann, als Apostel weitermachte und als Verräter endete.

Aber möge der Passant in die Rue Berton hineingehen, als erstes bemerkt er, daß die Mauern vollgekritzelt sind, voller Graffiti, wie die Antiquitätenhändler sagen. So erfährt man: »Lili aus Auteuil liebt Totor aus Point-du-Jour«, und um es zu bekräftigen, hat sie ein Herz mit Pfeil und das Jahr 1884 dazugemalt. Ach, arme Lili! Die vielen Jahre, die seit dieser Liebesbezeugung vergangen sind, haben die Wunde deines Herzens sicherlich geheilt. Unbekannte haben die ganze Sehnsucht ihrer Seele mit diesem tief eingeritzten Ruf kundgetan: »Vive les Ménesses!«

Und hier ein ganz tragischer Aufschrei: »Verflucht sei der 4. Juni 1903 und derjenige, der ihn uns gegeben hat.« Diese spitzbübischen oder fröhlichen Graffiti setzen sich fort bis zu einem alten Gebäude, das links eine wunderschöne Einfahrt zwischen zwei Spitzdachpavillons aufweist; dann gelangt man an ein Rondell und durch eine

Gittertür in den herrlichen Park mit der berühmten Nervenheilanstalt; und dort befindet sich das einzige, was die Rue Berton mit dem Pariser Leben verbindet, aber nur ein bißchen, denn die Post wird selten abgeholt: ein Briefkasten.

Weiter oben steht auf einem Trümmerhaufen ein großer Gipshund. Der Abguß ist unversehrt, ich sah ihn immer an dieser Stelle, und dort wird er wohl bleiben, bis die Arbeiter kommen, um die Rue Berton zu verändern. Diese biegt nun rechtwinklig ab, und vor dem Knick sieht man durch ein weiteres Gitter ein in eine Hangkerbe gesetztes modernes Landhaus. Es wirkt kläglich neu in dieser alten Straße, die nun in ihrer ganzen altertümlichen, unvermuteten Schönheit erscheint. Die Straße wird schmal, in der Mitte ist ein kurzer Rinnstein, und über die Mauern, die sie einschließen, quillt üppiges Blattwerk aus dem Park der alten Heilanstalt von Doktor Blanche, wuchernde Vegetation, die kühlen Schatten auf den alten Weg wirft.

Da und dort lehnen sich Grenzsteine an die Mauern, über einem ist eine Marmortafel angebracht und bezeichnet die Stelle, wo früher die

Grenze zwischen den Gutsherrschaften von Passy und Auteuil verlief.

Dann kommt man zur Rückseite von Balzacs Haus. Der Haupteingang befindet sich in der Rue Raynouard. Von dort muß man zwei Stockwerke hinuntergehen, und dank der Güte des verstorbenen Monsieur de Royaumont, Kustos des Musée de Balzac, konnte man, zwar nicht über dieselbe – heute vermauerte – Treppe wie Balzac, aber ebenfalls über eine Treppe in den Hof, den der Romancier durchqueren mußte, wollte er das Tor zur Rue Berton benutzen.

Man kommt an einen Ort, wo die Straße sich verbreitert und bewohnt ist. Dort findet man ein Haus, das in die Rue Raynouard hineingebaut ist und sie überragt. An ihm rankt ein Weinstock empor, und in den Blumenkästen wachsen Fuchsien. Daneben verbindet eine sehr schmale und sehr steile Treppe die Rue Raynouard mit der neu gemachten früheren Avenue Mercédès, die heute Avenue du Colonel-Bonnet heißt und eine der modernsten Verkehrsstraßen von Paris ist.

Doch besser folgt man der Rue Berton zwischen kahlen Mauern, hinter denen sich kein Bewuchs zeigt, bis zur Kreuzung, wo die alte Straße auf die Rue Guillou und die Rue Raynouard trifft, gegenüber einer Eisfabrik, die Tag und Nacht vom Tosen des umgerührten Wassers erbebt.

Wer durch die Rue Berton geht, wenn sie am schönsten ist, kurz vor Sonnenaufgang, hört eine Singdrossel ein herrliches Konzert geben, das Tausende von Vögeln mit ihrer Musik begleiten. Vor dem Krieg flackerte um diese Stunde noch bleiches Petroleumlicht von einigen Laternenpfählen, doch ersetzt wurden sie nicht.

Bei meinem letzten Vorkriegsspaziergang durch die Rue Berton, vor langer Zeit also, begleiteten mich René Dalize, Lucien Rolmer und André Dupont, alle drei sind auf dem Feld der Ehre geblieben.

Doch es gibt noch mehr Reizvolles und Kurioses in Auteuil ...

Zwischen der Rue Raynouard und der Rue La Fontaine liegt noch ein hübscher kleiner Platz, so einfach und so schmuck, wie man ihn sich hübscher kaum denken kann.

Durch ein Gitter blickt man auf das letzte Hôtel des Haricots ... Der Name beschwört das

Kaiserreich herauf und die Nationalgarde. Hierher wurden die verurteilten Nationalgardisten geschickt. Sie waren gut untergebracht. Sie führten ein fröhliches Leben und ins Hôtel des Haricots zu gehen galt eher als Lustpartie denn als Strafe.

Als die Nationalgarde abgeschafft wurde, verlor das Gebäude seinen Zweck, und die Stadt machte daraus ein Laternenmagazin. Als solches ist es ein kurioses, im wahrsten Sinne des Wortes erhellendes Museum darüber, wie nachts die Straßen von Paris beleuchtet wurden.

Heute gibt es nur noch wenige alte Laternen. Sie wurden an Vorortgemeinden verkauft. Doch was für einen schattenlosen Wald mit gußeisernen Stämmen und Lyren mit elektrischen oder Gaslampen haben wir dafür bekommen!

Bronze sieht man kaum mehr; nur an der Oper gibt es noch so teure Laternen. Früher hat man Gußeisen verkupfert, für circa zweihundert Francs pro Laterne.

Heute ist die Stadt sparsamer, man nimmt Bronzefarbe, und das Ganze kostet bloß drei Francs.

Am größten und höchsten sind die sogenannten Boulevardlaternen. Doch es gibt auch Konsolen, die man an Ecken und in Straßen mit schmalen Bürgersteigen verwendet.

Schade, daß die Stadt nicht wenigstens ein Exemplar von jeder Art aufbewahrt hat, statt alles zu verkaufen. Ein paar Laternen, aber nur wenige, sind im Musée Carnavalet, und von manchen Modellen gibt es in der Bibliothèque Le Peletier de Saint-Fargeau Fotografien.

Im Sommer ist ein Besuch im Laternenmuseum nicht zu empfehlen. In diesem Metallhain ist Schatten so selten wie in einem australischen Forst.

Aber Schatten gibt es auf dem kleinen Platz.

Dort, auf einer Bank vorm Gitter, dichtete Alexandre Treutens, wenn er von seinen Wanderungen zurück war.

Der Volksdichter war der Ärmste der Armen. Er schrieb unbestimmt humanitäre Gedichte, die er in Bistros vor Straßenarbeitern und Schiffern vortrug. Welche unbekannten Gründe haben den traurigen kleinen Mann wohl veranlaßt, das Schusterhandwerk zugunsten der Dichtung aufzugeben? Er zog durch das Pariser Umland und wenn er irgendwo Halt machte, war er dermaßen besorgt, die Obrigkeit zu ehren, daß er seine Inspiration dem Gutdünken des jeweiligen Bürgermeisters unterwarf.

Ich habe mit eigenen Augen eine im Rathaus von Enghien ausgestellte Bescheinigung gesehen, die Alexandre Treutens dazu berechtigte, in der Gemeinde »für einen Tag« den »Beruf des Straßendichters« auszuüben.

In der Rue La Fontaine ist links eine lange dunkelgraue Mauer. Eine Tür, die nur schwer aufgeht, führt in einen Hof, wo ein paar Hühner würdevoll umherspazieren. Links liegen seltsame Gegenstände auf einem Haufen, vermutlich Stahlreifen von alten Krinolinen.

Der Hof ist voller Statuen jeder Art und Größe, aus Marmor wie aus Bronze. Eine ist offenbar von Rosso; die großen Bronzehirsche, die beim Salon von 1911 gezeigt wurden, stehen neben der *Löwenbraut*, einem sonderbaren, von einem Chamissotext inspirierten Werk:

»Mit der Myrte geschmückt und dem Brautgeschmeid, des Wärters Tochter, die rosige Maid, tritt ein in den Zwinger des Löwen, um dem königlichen Freund aus Kindertagen den Abschiedskuß zu geben, ehe sie widerstrebend dem Bräutigam folgt. Rasend vor Schmerz, zerreißt sie der Löwe im Staub, dann legt er sich zur Leiche, bis tödlich die Kugel ihn trifft in das Herz.«

Das Gebäude rechts ist eine Art unbekanntes Museum, wo man ein großes Gemälde von Philippe de Champaigne sieht, einen Le Nain: »Der Heilige Jakob«, der dem Louvre Ehre machen würde, und zahlreiche moderne Bilder.

Manche Säle sind voller Kruzifixe, die aus dem Justizpalast entfernt wurden.

Das von Élie Delaunay hätte es verdient, im Petit Palais ausgestellt zu werden. Die Überfülle von Kruzifixen hat etwas Rührendes. Man könnte meinen, es sei ein Gekreuzigtenkongreß. So erdulden sie ihr amtlich verordnetes Exil gemeinsam.

Doch ich meine, man hätte sie armen Kirchen spenden sollen, statt sie hier einfach abzuladen.

Das Museum ist Teil einer großen geheimnisvollen Stadt, zu der das alte Hôtel des Haricots gehört, hinter dem sich der Laternenwald befindet. Dort ist auch der Saal, in dem früher die Wehrpflichtigen der Stadt Paris ausgelost wurden, und weiter weg in einer riesigen Ebene erheben sich Pyramiden aus Pflastersteinen. Unablässig werden welche weggeschafft und neue aufgetürmt, und manchmal stürzt eine ein, klackernd wie Steine in der Brandung, wenn die Welle zurückströmt.

Von dieser Behördenstadt durch die Rue de Boulainvilliers getrennt, erstreckt sich ein Gaswerk mit Gasometern, verschiedenen Gebäuden, Bergen von Kohle, Schutt und Schlacken sowie Gemüsegärtchen bis zur Rue Ranelagh, auf diesem Abschnitt eine der ödesten Straßen der Welt. Dort lebt Monsieur Pierre Mac Orlan, ein fröhlicher Schriftsteller, dessen Phantasie voller Cowboys und Fremdenlegionäre ist. Von außen hat das Haus nichts Besonderes. Doch tritt man ein, findet man sich in dem Gewirr von Gängen, Treppen, Höfen und Balkonen kaum zurecht. Monsieur Mac Orlans Tür ist im düstersten Flur des ganzen Baus. Seine Wohnung ist mit prachtvoller Schlichtheit eingerichtet. Viele, aber erlesene Bücher. Eine Policemanfigur aus Wolle wechselt nach Laune des Hausherrn Platz und Haltung. Im Wohnzimmer hängt über dem Kamin eine winzige Karikatur, die Picasso von mir gemacht hat. Große Fenster gehen auf eine etwa drei Meter hohe Mauer, und wenn man sich ein wenig hinauslehnt, sieht man links unterschiedlich hohe Gasometer und rechts Gleise. Nachts lodern sechs riesige Schlote der Gasfabrik herrlich in verschiedenen Farben: mondgelb, blutrot, grün und blau. Oh, Pierre Mac Orlan, Baudelaire hätte diese seltsame mineralische Landschaft gefallen, die Sie im Gartenviertel von Auteuil entdeckten!

Wäre Ricciotto Canudo nicht weggezogen, um im Zentrum von Paris die Zeitschrift *Montjoie!* zu gründen, hätte sich in Auteuil um sein Hotelzimmer Ecke Rue Raynouard, Rue Boulainvilliers eine Legende gebildet. Ich habe das Zimmer nie gesehen, doch viele Bürger von Auteuil hatten Gelegenheit dazu, und in Cafés, im Bus und in der Metro war damals von nichts anderem die Rede. Die Einheimischen wunderten sich, daß Canudo, der immer im selben Hotel wohnte, kein möbliertes Zimmer nahm. Er wohnte offenbar tatsächlich in seinen eigenen Möbeln, ein kleines Bett, Tisch, Stuhl und Bücherregal. Das Bett, hieß es, war äußerst schmal, und ich hörte, wie jemand aus Auteuil von einer dünnen Frau sagte: »Die sieht wie Monsieur Canudos Bett aus.«

Man erzählte auch, die Vorhänge seien ständig zugezogen, und Tag und Nacht würden viele Kerzen brennen. Am Ende hielt man ihn für den Hohepriester einer neuen Religion, deren Rituale er in seinem Zimmer vollführte. Verstreute Efeublätter gaben zu sonderbaren Vermutungen Anlaß, und als glaubhafteste galt die, daß er sie für Zauberbeschwörungen nahm, deren Zweck man nicht ergründet hatte.

Kein Wunder, daß die Bürger von Auteuil sich so neugierig in Monsieur Canudos Zimmer umsahen.

Doch gehen wir zur Seine hinunter. Ein herrlicher Fluß. Man wird nicht müde, ihn zu betrachten. Ich habe ihn in seinen täglichen und nächtlichen Aspekten besungen. Die Promenade hinter dem Pont Mirabeau lockt Dichter, Einheimische und sonntäglich gekleidete Arbeiter.

Wenige Pariser kennen den neuen Quai d'Auteuil. 1909 gab es ihn noch nicht. Die Ufer mit den Spelunken, die Jean Lorrain so liebte, sind verschwunden. Grand Neptune, Petit Neptune, was ist aus euch geworden, ihr Gartenlokale am Wasser? Der neue Quai wurde bis zum ersten Stock erhöht. Das frühere Parterre ist nun unter der Erde und man tritt durch die Fenster ein.

Doch die melancholischste Ecke von Auteuil befindet sich zwischen Port-Louis und der Avenue de Versailles. Théophile Gautier wohnte am Rondell von Boulainvilliers, aber gewiß lag weniger Schrott als heute herum, und der Port-Louis mit seiner Flottille bunt gestreifter Lastkähne existierte noch nicht. Auf der Brücke sind Kübel mit Geranien und Fuchsien aufgestellt; in großen Kästen, die einen Kindersarg umgeben, wachsen Bäume. Und wenn die Sonne scheint, wirkt der kleine Lastkahnsarg gar nicht unheimlich.

Die Buchhandlung von Monsieur Lehec

Der Buchhändler Lehec liebte seine Bücher so, daß er sie nur den wenigen Personen verkaufen konnte, die er ihres Erwerbs für würdig hielt.

Als er noch den Laden in der Rue Saint-André-des-Arts hatte, ging ich oft hin, um mich mit ihm zu unterhalten. Mittlerweile hat er seine guten Bücher abgegeben und nahezu erblindet hält sich der Buchhändler von Victorien Sardou und Anatole France abseits. Niemand kann mehr auf seine verbindliche Gelehrsamkeit zurückgreifen.

Als eines Tages Studenten durch die Rue Saint-André-des-Arts zogen und das Lied vom Pater Dupanloup sangen, das so frei ist, daß man es nicht zitieren kann, erklärte mir Monsieur Lehec die Beziehungen zwischen dem großen Prälaten, der den Namen Dupanloup auf zulässige Weise berühmt machte, und den beiden bekanntesten Verlegern frivoler und satirischer Werke: den Gelehrten Isidore Liseux und Alcide Bonneau.

Ich weiß nicht, ob das berühmte Lied vom Pater Dupanloup gedruckt wurde, doch fast jeder kannte es. Es inspirierte Jules Marry, nicht zu verwechseln mit dem Volksschriftsteller, zu einer vorzüglichen Sammlung von Satiren mit dem Titel *Les Exploits de M. Dupanloup* (Die Großtaten des Herrn Dupanloup), einem Gedichtbändchen, das schon selten ist oder es ganz bestimmt wird. Der Autor schreibt im Vorwort:

»Das spöttische und anzügliche französische Chanson, das weder Krieger noch Kirchenmänner verschont, hat den Prälaten in eine Art Priapos oder christlichen Karagöz umgewandelt und ihm die unwahrscheinlichsten Zeugungskräfte zuschreibend machte es ihn schon zu Lebzeiten zur Legende. Das Lied stammt wohl aus den ersten Jahren der Regentschaft Louis-Philippes. Dupanloup (*de pavone lupus*), dem man nacheinander in Ballon, Eisenbahn, Institut de France, Oper und – durch einen einfältigen Anachronismus – beim Überschreiten der Beresina begegnet, wird von unseren Soldaten durch einen wahrhaft erotisch-patriotischen Kult geehrt; seit fünfzig Jahren besingen sie unaufhörlich seine Großtaten, um sich lange Märsche und strapaziöse Manöver leichter zu machen.«

Bizarres Ergebnis von Monseigneur Dupanloups pädagogischen Ambitionen!

Doch der Prälat, der übrigens ein heiliger Mann war, muß eine böse Kraft sondergleichen gehabt haben. Denn er hatte als Schüler im Vorseminar Isidore Liseux und Alcide Bonneau, deren Aktivität und Gelehrsamkeit sich meistens auf literarischem Gebiet übten und die die einzigartige Berühmtheit ihres Lehrers auf höchst unvermutete Weise steigerten.

Lehec hatte Liseux und Bonneau noch gekannt. Ich habe seine Aussagen gesammelt, weil sie sich auf Männer bezogen, über die anscheinend fast nichts geschrieben wurde, und weil sie es verdienen, daß man ihnen kurz Augenmerk schenkt.

Die Publikationen von Liseux werden immer begehrter, weil sie mustergültig, schön und selten sind. Sein wichtigster Mitarbeiter war Bonneau, den er aus dem Vorseminar kannte. Die beiden Dupanloup-Schüler waren die Bescheidenheit selbst. Ihre Stile, die außergewöhnlich präzise waren, ähnelten sich. Der wenig redselige Liseux soll, wenn er den Mund aufmachte, geistreich und bissig gewesen sein.

Zur Zeit des Boulangismus kam jemand zu

Liseux, um für den berühmten General ich weiß nicht welches Werk über orientalische Ethnologie zu kaufen, das aber noch nicht erschienen war. Liseux entschuldigte sich und fragte nach der Adresse, an die es geschickt werden sollte. Man gab ihm die des Generals und fügte hinzu: »Der erste seines Namens, der von sich reden machte. Bei Bonaparte war es auch so.«

Liseux widersprach lebhaft: »Verzeihung, aber ein Bonaparte nahm schon 1527 an der Belagerung Roms teil.«

Eines Tages sah er am Quai ein seltenes Werk, das er gebrauchen konnte, hatte aber nicht genügend Geld bei sich. Schnell ging er seine Uhr im Leihhaus zu versetzen. Doch als er zurückkam, war das Buch verkauft. Verärgert ging Liseux davon. Er erzählte diese Geschichte mehrfach und fügte hinzu:

»Ich habe meine Uhr nie ausgelöst. Es war eine schlechte Zwiebel, die mir keine Tulpe brachte.«

Ein anderes Mal betrat er einen Antiquitätenladen, um einen Folianten zu kaufen. Doch da der Preis zu hoch war, handelte er, so lange, bis der Händler sagte: »Sie feilschen zu viel, dabei stranguliere ich meine Kunden doch nicht. Ich gebe so viel Rabatt wie ich kann. Alle sollen zufrieden sein. Ich bin doch kein böser Teufel!«

»Wenn das so ist«, sagte Liseux, verkaufe ich Ihnen meine Seele für das Buch.«

Am Ende zahlte er aber doch in gängiger Münze.

Sein Drucker Motteroz verfolgte ihn, weil er ihm Geld schuldete: »Motteroz wird rot vor Wut«, sagte Liseux. »Das ist doch Größenwahn: er möchte wohl als Kardinal durchgehen.«

Ein Autor bot ihm ein Manuskript an, das er partout nicht haben wollte: »Hätten Estienne und Elsevier Ihr Buch gedruckt?« fragte Liseux. »Nein, nicht wahr? Auf Wiedersehen, Monsieur!«

Eine Dame bot ihm ihr Werk über die Niederlande an. »Da würde man doch gleich sagen, ein Buch über die Blaustrumpflande«, sagte Liseux lächelnd. »Und ohne daß Sie es wollten, Madame, sähe Ihr Buch wie Betrug aus.«

Man fragte ihn nach seinen politischen Meinungen: »Ich bin Republikaner«, entgegnete er, »aber in der Gelehrtenrepublik.«

Zwei Bibliophile waren schon sehr lange in seinem Laden, während er ein englisches Buch übersetzte, und störten ihn mit ihrem Gerede. Sie kamen auf den Krieg von 1870 und auf Bazaines Verrat zu sprechen.

»Meine Herren«, sagte Liseux, »im Hause des Gehängten redet man nicht vom Strick, im Hause des Übersetzers nicht vom Verräter.«

Sprachlos gingen sie davon.

Ein Buchliebhaber wollte Rabatt auf von Liseux publizierte Werke haben, indem er behauptete, sie seien Freunde.

»Dann nehmen Sie die Bücher doch«, sagte der Verleger, »wozu habe ich denn auf den Umschlag drucken lassen: für Isidore Liseux und seine Freunde?«

Und der Buchliebhaber nahm die Bücher, ohne zu bezahlen.

Von der Wissenschaft sprach er mit innerer Bewegung, wie von einer Freundin: »Sie ist weder streng noch abweisend, denken Sie sich das so, ihr Körper, das ist die Natur, ihr Kopf, das ist der Geist, ihr Schmuck, das sind die Bücher. Bonneau kennt sie noch besser als ich. Er könnte Ihnen sagen, welche Augen- und Haarfarbe sie hat. Er läßt sie nämlich nie allein, während ich mich hin und wieder um das Geschäft kümmern muß.«

Als er die Novellen des neapolitanischen Erzählers Giambattista Basile zu veröffentlichen gedachte, empfahl man ihm als Übersetzer einen Gelehrten mit sehr deutsch klingendem Namen, der unbedingt genannt werden wollte. »Wenn er doch Pulcinella oder wenigstens Polichinelle hieße«, sagte Liseux.

Und er verzichtete auf sein Projekt.

Als sich sein Laden noch in der Passage Choiseul befand, hatte er einen Gehilfen und ein Dienstmädchen, die Geschwister waren. Sie hatte einen guten Freund, der jetzt in der Nationalbibliothek arbeitet, und zwar in der Abteilung, wo die meisten Bücher von Liseux aufbewahrt werden. Er sagte mir: »Mir kam es immer so vor, als sei ich nur die Nummer Zwei und sie schliefe mit dem Chef ... Auf ihren Bruder, meinen besten Freund, hat er immer gut aufgepaßt, der mußte um zehn im Bett sein.«

Ansonsten war Liseux offenbar freundlich und wohlwollend. Als schlechter Buchhalter war er hoch verschuldet und seine Editionen kamen ihn teuer zu stehen. Er hatte Schulden beim Drucker, er hatte Schulden beim Papierhändler. Seine Bestände wurden zu sehr ungünstigen Konditionen aufgelöst, und der Mann, der einige der schönsten

Bücher seiner Zeit herausgebracht hatte, starb in völliger Armut.

Im Katalog der Versteigerung vom März 1894 schrieb Octave Uzanne: »Jouaust starb satt und wurde von den Buchliebhabern, die sich seine überteuerten Ausgaben nicht leisten konnten, zu Recht verachtet, doch er, der liebenswerte, rechtschaffene Mann, starb an Kälte oder wer weiß vielleicht an Überdruß und Erschöpfung mit ganzen neunzehn Sou in der Tasche!«

Liseux' Papiere gingen anscheinend durch die Hände eines belgischen Buchhändlers namens Van Combrugghe.

Die Einzelheiten, die ich über Bonneaus Leben zusammentragen konnte, sind nicht interessant genug, um hier berichtet zu werden. Er war einer der diskretesten und fähigsten Mitarbeiter des Larousse-Verlags und führte ein bescheidenes und zurückgezogenes Leben. Manch einer erinnert sich noch, ihm in der Nationalbibliothek begegnet zu sein, die er oft besuchte und wo man seine Büchertürme nie wegräumte.

Ich weiß nicht, ob er es erfunden hat, doch er war einer der ersten, die Gedichte in der Originalsprache mit interlinearer und wörtlicher Übersetzung brachten, was die französische Dichtung nachhaltig beeinflußte.

In Monsieur Lehecs Laden kaufte ich Auguste Jals *Virgilius Nauticus*. Er hatte mehrere Exemplare davon.

Man hat sich damit amüsiert, einige der Quellen anzuzeigen, aus denen Anatole France seine Inspiration geschöpft hat.

Doch der Gelehrte Jal wurde bisher nicht erwähnt, dabei ist er kein Unbekannter, denn Littré zitiert ihn stets, wenn es um Begriffe aus der Seefahrt geht. Zudem ist er der Verfasser des *Virgilius Nauticus*, den Anatole France seinem »Monsieur Bergeret« zuschreibt.

Virgilius Nauticus. Untersuchung der Äneis-Passagen mit Bezug zur Seefahrt, von A. Jal, Marinehistoriker, Verfasser der »Archéologie navale« … *Paris, Imprimerie royale, MDCCCXLIII*, so lautet der Titel des Werks, das durch die Einbildungskraft des gelehrtesten zeitgenössischen Romanciers berühmt geworden ist. Es ist ein Oktavbändchen von 107 Seiten.

Monsieur Jal, der bewundernd die Breite von Vergils nautischen Kenntnissen festhält, war zumindest in Marinedingen ein Feind von Rabelais und widmete Pantagruels Seeabenteuern mehrere Seiten seiner *Archéologie navale*.

»Ich habe gezeigt«, schreibt er in seiner Analyse des vierten Buchs des unsterblichen Werks des Pfarrers von Meudon, »daß der gelehrte Mann vielleicht über fast alles Bescheid wußte, außer über Schiffahrt; daß ihm Schiff, Navigation und Seemannssprache so gut wie unbekannt waren, und wenn er bei der Erklärung eines im 16. Jahrhundert an Bord gebräuchlichen Worts ins Schwarze trifft, ist es sicher Zufall.«

Dagegen kommt Monsieur Jal bei der Untersuchung der Seefahrt-Bezüge in der Äneis zum entgegengesetzten Schluß.

Nachdem er uns den jungen Vergil als Mathematikstudent in Neapel und Mailand gezeigt hat, sehen wir ihn achtzehn Jahre in Neapel, Sizilien und Kampanien verbringen.

»In diesen achtzehn Jahren sah er fast ständig die im Hafen von Misenum stationierte Kriegsflotte oder die großen Konvois, die griechische und ägyptische Schätze nach Palermo, Messina, Megara, Syrakus und Parthenope brachten, oder die Jachten der sinnenfrohen Reichen, deren zierliche Wohnsitze rings um den *Crater* sich in den ruhigen Wassern dieser herrlichen Bucht spiegelten.«

An anderer Stelle verweilt Monsieur Jal noch länger bei der Bucht: »Tausende von Booten durchpflügten sie, deren jedes das schnellste sein wollte und stolz seinen versilberten oder vergoldeten Bug zeigte oder sein von einem federbuschförmig gebogenen Aphlasten gekröntes Heck, manche den eleganten Chenisquen über den vorderen Deckaufbauten, andere ihre perlmuttbesetzten oder mit Edelmetall beschlagenen Riemen, die meisten Takelagen waren aus bunter Wolle und fast alle Segel aus purpurnem oder hellweißem Leinen, auf die man erotische Motive malte und den Namen des Eigners sowie eine Maxime aus einer Philosophie der Sinnenlust schrieb.«

Und Monsieur Jal behandelt Vergilübersetzer und -erklärer, die die sachkundige Genauigkeit des Dichters außer acht lassen, ohne Schonung. Ascensius fand keine sinnvolle Erklärung für das Wort puppes; »Pater de La Rue ahnt nicht, warum Bug und Heck an entgegengesetzten Enden sind«; Annibal Caro schreibt immer Schiff statt Bug; Gregorio Hernandez de Velasco nimmt sich große Freiheiten mit Vergil heraus; João Franco Barreto ist etwas, aber nicht viel gewissenhafter; Dryden hält Bug und Heck für verschiedene Schiffstypen; die deutsche Übersetzung von Johann Heinrich Voss läßt nicht minder zu wünschen übrig als die englische von Dryden; Delille, der angesehenste französische Übersetzer, hat Text und Autor so wenig verstanden wie seine ausländischen Konkurrenten.

Hinsichtlich der nautischen Fachbegriffe bei Vergil scheut sich der gelehrte Monsieur Jal nicht, aus dem Malaiischen, Madegassischen und Neuseeländischen zu zitieren. Weitere originelle Vergleiche zieht er bei der Untersuchung des »triplici versu«: »Meines Erachtens ist hier von einem dreifachen Sang die Rede, einem Schrei, einem Hurra! einer Art Celeusma, wie es noch heute in Arbeitslagern gebräuchlich ist oder auch beim Anholen der Buline, wenn ein Matrose, ein echter hortator wie auf antiken Schiffen ›Uan, tu, tri! Hurra!‹ ruft (one, two, three! hourra! – engl.). Der antike Brauch war noch im Mittelalter weit verbreitet, in Venedig riefen die Galeerensklaven des Dogenschiffs *Bucintoro*, wenn sie an der Marienkapelle beim Arsenal vorbeikamen, ›Ah! Ah! Ah!‹ und machten nach jedem Ruf einen Ruderschlag.«

Monsieur Jals Fazit unterscheidet sich zweifellos von dem, das unser Zeitgenosse Bergeret in seinem berühmten Werk gezogen hätte:

»Das heutige Seewesen kommt dem von einst recht nahe; das ist für mich eine unwiderlegliche Tatsache. Darum meine ich, daß jeder am modernen Seewesen Interessierte sich umfassend darüber informieren muß, wie es in der Antike war; und da Vergil derjenige Schriftsteller ist, bei dem man am meisten über das antike Seewesen erfährt, meine ich weiter, daß es nötig war, seine Sachkenntnis zu zeigen und sie zu belegen, indem ich seinen Versen ihren ganzen didaktischen Wert zurückgab, den die Exegeten unterschlugen, die zwar mitunter hochgelehrt waren, aber die Fachsprache des Marinedichters nicht verstanden.«

Vielleicht hat Anatole France sein Exemplar des *Virgilius Nauticus* bei Monsieur Lehec erworben, in dessen Laden er manchmal eine volle Stunde blieb. Eines Tages hörte ich ihn zufällig ein Loblied auf den Abbé Delille anstimmen.

»Delille hat nur einen Fehler«, sagte er sinngemäß, »nämlich den, daß er nicht mehr gelesen wird.«

Und da er lange Passagen von ihm auswendig kann, trug er sie vor.

Vielleicht kann er nicht mal von seinem Vorbild Leconte de Lisle so viele Verse.

Doch ähneln sich die beiden Dichter nicht ein wenig?

Als ich einmal hörte, wie jemand Leconte de Lisle mit dem Abbé Delille verglich, berichtete ich in einem Artikel über diese Ansicht, die mir zumindest eigenartig vorkam. Kürzlich begegnete ich ihr erneut, ausführlich und gleich zweimal dargelegt durch die Feder Louis Veuillots: »All dieses Rauschgold der Beschreibungen, dieser Aufruhr von Farben und Licht verbirgt bloß den alten Abbé Delille. Doch der war leichtfüßig unter dem Wust der Periphrasen. Aus dem Salonspaniel, dessen hübsche kleine Pfoten ohne zu straucheln zwischen Porzellan herumliefen und gelegentlich mit falschen Perlen klimperten, wurde ein Kriegselefant mit einem Turm voll grimmiger und vor allem bunt angemalter Soldaten. Das wuchtige Auftreten simuliert er gut, allein die Erde zittert nicht.«

Und ein paar Tage später ergänzte Veuillot: »Seine Beschreibungen nehmen kein Ende. Ich erwähnte den anderen Delille, seinen Quasi-Namensvetter, der sein Gegenteil zu sein scheint. In Wahrheit ist der Unterschied zwischen beiden nicht so groß, und die Extreme berühren sich. Beide machen das Beschreiben zur Hauptsache, weil ihnen Erfinden, Fühlen, vielleicht gar Denken nicht gegeben ist. Ihr Blick bleibt äußerlich, sie haben von der Poesie nur die Borke; ihr Quell und ihr Feuer sind ihnen unbekannt. Der alte Delille, der sich damit begnügte, Philosoph zu sein und sich auf seine Mustergültigkeit etwas zugute hielt, wäre heute ein irregulärer und vielleicht pedantischer Freidenker. Er würde Kain mit K schreiben und hätte mit kainitisch und kaldäisch kein Problem. Der junge de Lisle vor fünfundsiebzig Jahren hätte Gärten, Imagination, Lektüren, Café und Schachspiel beschrieben und Iris und Felsen nur hellblau zu zeichnen gewußt. Er ist der gleiche Typ Mensch, der nichts vom Menschen weiß und nur geschickt das gleiche alberne Spiel spielt. Aber der eine kam unter Voltaire zur Welt, der andere unter Victor Hugo.

Wenn es denn zu unterscheiden gilt: Vielleicht war die Einbildungskraft des alten Delille gar nicht so beschränkt. Soweit ich das aus der Distanz zu Werk und Zeit beurteilen kann, schöpfte der Abbé Jacques nicht so viel aus öffentlichen Mitteln. Leconte de Lisles Beschreibungen strotzen von Reminiszenzen an Architektur, Bildhauerei, Malerei und Zeichenkunst, die übrigens auch unsere materialistische Dichtung nähren, und zwar besonders durch die weiten und reichen Räume ihrer Phantasie.«

Ich neige übrigens zu der Ansicht, daß der Abbé Delille die Parnaßdichter stark beeinflußt hat.

Sie beriefen sich bloß nicht auf ihn, weil er schlecht angesehen war und man im Choiseul-Parnaß sicherlich von Leconte de Lisle sprechen mußte statt von Jacques Delille.

Anatole France hat in dem Laden in der Rue Saint-André des Arts Ersatz gefunden.

Die Buchhandlung gibt es noch immer, sie sieht wie früher aus und gehört jetzt einem anderen Buchhändler, der sein Geschäft versteht, aber nicht den gleichen abergläubischen Respekt vor Büchern hat wie einst Monsieur Lehec.

Rue Bourbon-le-Château Nr. 1

In diesem alten Haus wurden am 23. Dezember 1850 zwei Frauen ermordet. Die eine war Mademoiselle Ribault, Zeichnerin des von Jules Thiéry geleiteten *Petit Courrier des dames*. Ehe sie starb, hatte sie noch die Kraft, einen Finger in ihr Blut zu tauchen und auf den Paravent zu schreiben: »Der Mörder ist der Gehilfe von Monsieur Thi«. Laforcade, der Gehilfe, wurde wenige Stunden nach dem Verbrechen festgenommen.

Heute empfiehlt sich das Haus auf andere Weise der Aufmerksamkeit der Neugierigen.

Dort lebt der burgundische Dichter André Mary, dem Fernand Fleuret seine gegen die zeitgenössische Presse gerichtete makkaronische Satire *Falourdin* gewidmet hat. Am Anfang seines Gedichts besingt Fleuret das alte Haus in der Rue Bourbon-le-Château:

Wenn wahrlich einen schimmligen Boethius Du übersetzt
In deinem düsteren Haus dort an der Kreuzung der Rue
de Buci
Voll mit Schmökern und chinesischen Vasen …

Der Autor des *Falourdin*, dem man allenfalls einen gewissen Archaismus vorwerfen kann, wiewohl ein so seltener Fehler zu Tadel einlädt, ist heute, wo es daran mangelt, einer der besten französischen Versemacher, und da er ein wahrer Dichter ist, hätten es seine Arbeiten verdient, die Zeiten zu überdauern ...

Fernand Fleuret ist Normanne. Einmal, bei einem Bankett zur Tausendjahrfeier der Normandie, sah ihn ein riesiger Norweger, der neben ihm stand, herablassend an und erklärte: »Sie kleiner Wikinger, ich großer Wikinger.«

Der kleine Wikinger ähnelt, wie ein anderer normannischer Dichter bemerkte, einem Bogenschützen auf dem Wandteppich von Bayeux.

Sein ausgeprägter Hang zu Mystifikationen brachte ihn, als er noch zur Schule ging, eines Tages dazu, der Köchin seiner Eltern einzureden, ein gewisses Futteral, das seinen Namen einst von der friedlichen Kleinstadt Condom erhielt, sei eine neue Art Geldbörse und für große Münzen sehr geeignet. In der Fleischerei gab es ein großes Gelächter, das sich in der ganzen Stadt verbreitete. Die Köchin beklagte sich lebhaft und verschwieg auch nicht den Namen dessen, der sie hereingelegt hatte. Seitdem haben Betschwestern Monsieur Fernand Fleuret immer etwas scheel angesehen.

Als er *Le Carquois du Sieur Louvigné du Dézert* (Der Köcher des Sieur Louvigné du Dézert) veröffentlichen wollte, diesen literarischen Schwindel, der den von Prosper Mérimée in den Schatten stellt, ließ er sich einem neben dem Odéon ansässigen Verleger empfehlen.

Der Verleger lächelt meinen Fleuret an, betastet das Manuskript, öffnet es, und das erste Wort, das ihm ins Auge fällt, ist jenes, bei dem die Setzer einen hübschen Druckfehler machten, als in der Zeitung einmal von den Ausgrabungen von Madame Dieulafoy die Rede war.

»Ausgrabungen, Monsieur«, rief der Verleger und schloß das Manuskript, »gehen Sie, Monsieur.«

In dem »düsteren Haus dort an der Kreuzung der Rue de Buci« wohnt auch Maurice Cremnitz, der große Neugier weckte, als er in der Zeitschrift *Vers et prose* unter den Initialen M. C. ein exzellentes Gedicht mit dem Titel »Geburtstag« veröffentlichte, das dem Andenken an Jean Moréas gewidmet war.

Maurice Cremnitz ist ein Dichter, der schon seit langem ungern seine Werke zeigt. Ein liebenswerter Mensch, der sich um Ruhm nicht sorgt. Seine Dichterfreunde vertrauen ganz und gar der Unbestechlichkeit seines Geschmacks und da seine Urteile keine Richtsprüche sind, finden sie meist den Beifall desjenigen, dem sie gelten. Diese Autorität, die er mit großer Diskretion und in ganz kleinem Kreis ausübt, weist ihm eine unverhoffte Rolle zu, die er nicht erstrebt hat und die mit großer Verantwortung verbunden ist.

In Friedenszeiten durchstreifte Cremnitz, der gern wandert, jedes Jahr zu Fuß eine Gegend, die er noch nicht kannte. Mit Gepäck beschwerte er sich nicht; einen guten Stab in der Hand, reiste er wann er wollte, ohne sich um Fahrpläne zu kümmern.

Einmal bei Montereau hielten ihn zwei Gendarmen an und fragten nach seinen Papieren. Maurice Cremnitz durchwühlte seine Taschen und fand nur einen Benutzerausweis der Nationalbibliothek. Die Gendarmen musterten ihn und einer fragte:

»Arbeiten Sie denn dort …?« Und auf sein Ja

meinte er: »Ihre Chefs bezahlen wohl nicht viel, wenn Sie nicht mal den Zug nehmen können.«

Cremnitz, den jüngere Generationen kaum noch kennen, aber André Gide und Léon-Paul Fargue nicht vergessen haben, verpflichtete sich freiwillig bei Kriegsbeginn.

Ich traf ihn in Nizza in seiner Infanterieuniform.

Er führte das übliche Lagerleben. Wir sahen uns nur wenige Minuten im Café und er fand, daß ich als Artillerist besser angezogen war als er. Ich schämte mich fast und als ich ihn verließ, ging ich rückwärts, um den netten und tapferen Burschen nicht durch den Glanz der Sporen zu betrüben.

Während der Ausbildung traf ich noch andere Schriftsteller-Soldaten, teils in Nizza, teils in Nîmes. Den Dramatiker Auguste Achaume sah ich als Gefreiten eines Landwehrregiments wieder. Er sah gut aus im Kapuzenmantel, war in einer Rollschuhhalle einquartiert und schlief auf der Orchesterbühne; jetzt schläft er im Zelt. In dem Artillerielager, wo ich die Ausbildung beendete, stand mein Bett neben dem von René Berthier, einem dichtenden Brigadier, der in Toulon zur Literaturgruppe Facettes gehörte. Ich habe seine Gedichte gelesen und halte ihn für einen der besten Dichter seiner Generation. Jetzt ist er Unterleutnant der Artillerie. Außerdem ist er ein Wissenschaftler ersten Ranges, dessen für die Menschheit nützliche Erfindungen kaum zu zählen sind.

In Nîmes traf ich noch Léo Larguier, der mehrmals im Haus in der Rue Bourbon-le-Château Nr. 1 zu Gast war und ein schönes Literaturbuch über den Krieg geschrieben hat: *Les Heures déchirées* (Die zerrissenen Stunden).

Am ersten Sonntag im März 1915 speiste ich im kleinen Restaurant de la Grille, als ein Liniengefreiter sich vom Tisch erhob und mir eine Strophe aus dem »Lied des Ungeliebten« rezitierte.

Ich war verblüfft. Ein Zweiter Geschützführer ist es nicht gewohnt, daß man seine Verse rezitiert. Ich sah ihn an und erkannte ihn nicht wieder. Er war groß und ähnelte einem bartlosen Victor Hugo oder mehr noch Balzac. »Ich bin Léo Larguier«, sagte er. »Guten Tag, Guillaume Apollinaire.« Und wir trennten uns erst am Abend vor der Rückkehr ins Quartier. An diesem und den folgenden Tagen sprachen wir nicht vom Krieg – Soldaten sprechen nie davon –, sondern von der Pflanzenwelt in Nîmes, zu welcher der Jasmin Moréas zum Trotz nicht gehört. Manchmal erfreute uns der liebenswürdige Bertin, Generalsekretär der Präfektur, mit seinem heiteren Plaudern und seiner geistreichen Bildung. Léo Larguiers mächtige Stimme dominierte das Gespräch und ich höre noch unsere Lachsalven, als er den Namen eines Soldaten seiner Kompanie nannte: Ferragute Cypriarque.

Einen Sonntag nahm Larguier Bertin und mich zu einem Freund mit, dem Maler Sainturier, dessen Zeichnungen die Klarheit derjenigen von Despiau haben. Sainturier lebt wie ein Eremit, keiner kennt ihn und er genießt seine Unbekanntheit im sonnendurchfluteten Süden. Er sieht sehr jung aus, obwohl er das wehrfähige Alter überschritten hat, ist stämmig und arbeitet viel, und außer seiner eigenwilligen Produktion sieht man in seiner Behausung Kunstschätze, von denen ich nichts ahnte.

Dort sah ich ein fabelhaftes Halbkörperporträt von Stendhal. Das Gesicht ist ruhig und funkelt vor Bosheit. Bei dem Maler Sainturier sah ich erstmals den wahren Alfred de Musset. Andere Porträts von ihm wirken gestellt, wenn man dieses von Ricard gesehen hat. Es zeigt ihn im Profil. Larguier war vor Begeisterung ganz außer sich und Sainturier versprach, ihm nach dem Krieg eine Kopie davon zu machen. Es gibt dort, ebenfalls von Ricard, ein schönes Manet-Porträt. Doch wir sahen bei Sainturier auch einen Van Dyck, »Charles I. als Kind«, mehrere Porträts und Miniaturen von Jean-Baptiste Isabey, einen El Greco, Skizzen von Boucher, einen herrlichen Latour, zwei Hubert Roberts, Bilder von Monticelli, ein kleines Cézanne-Stilleben usw. usf.

Am nächsten Tag sah ich Larguier nicht wieder. Er war in ein Ausbildungslager versetzt worden und kam dann als Sanitätsoffizier an die Front. Während der Schlacht in der Champagne waren wir nicht weit voneinander entfernt, hatten aber keine Möglichkeit, uns zu treffen. Er wurde verwundet und wir sahen uns erst bei einem seiner Heimaturlaube wieder, genau vor der Rue Bourbon-le-Château Nr. 1, dem von Fernand Fleuret besungenen »düsteren Haus«.

Weihnachtslieder in der Rue de Buci

Vor dem Krieg empfahl es sich, die bei den Dichtern meiner Generation so beliebte Rue de Buci in der Nacht vom 24. zum 25. Dezember aufzusuchen. Einmal schlemmten wir, André Salmon, Maurice Cremnitz, René Dalize und ich, Heiligabend dort in einer Kellerbar. Wir lauschten Weihnachtsliedern. Ich stenographierte die Texte aus verschiedenen Gegenden Frankreichs mit.

Zählen Weihnachtslieder nicht zu den seltsamsten Monumenten unserer geistlichen und Volksdichtung? Jedenfalls sind sie es wohl, die am besten Seele und Sitten der Provinz, aus der sie stammen, widerspiegeln. Das erste Lied, das ich in der Kellerbar in der Rue de Buci festhielt, wurde von einem Friseurgehilfen aus Bourg-en-Bresse gesungen.

Die dortigen Weihnachtslieder sind gewiß nicht aus Kriegszeiten. Das rabelaisische Aufzählen von Viktualien kontrastiert mit den Beschränkungen der kargen Zeit, in der wir leben:

Dès que la ville de Bourg / En apprit la nouvelle, / On fit battre le tambour / Pour mettre tout par écuelles. / Les bécasses, les levrauts / Les cailles, les chapons gras / Furent pris chez Curnillon / Pour faire la bourdifaille / Furent pris chez Curnillon / Pour faire le réveillon.

Gog porta trois dindonneaux / Et farcit une belle oie / Et d'une longe de veau, / Il fit un bon ragout; / Sa femme fit du boudin / Et pris chez monsieur de Choin / Une grande bassine d'argent / Pour y, pour y, pour y mettre / Une grande bassine d'argent / Pour y mettre son présent.

On alla vite appeler / L'hôte de la Bonne École / Qui porta des godiveaux / Et pris une belle andouille; / Il mêla des fricandeaux / Avec des oreilles de veaux / Et porta trois barillets / De mou, de mou, de moutarde, / Et porta trois barillets / De moutarde de Dijon.

Quand l'hôte du Saint-François / Entendit qu'on faisait bruire / Les poêles et les lèche-frites / Dans le quartier de Tesnière, / Il fit faire à son valet / Une potringue de poulet / Qu'on s'en léchait tout droit / Les ba, les ba, les babines / Qu'on s'en léchait tout droit / Les babines et les cinq doigts.

Dès que l'hôte de l'Écu / Vit qu'on partait au clair

de lune, / Il mit pour quatre écus / De sucre dans la farine / Pour faire des gâteaux / Qui semblèrent des châteaux; / Ils sont meilleurs que le pain / Pour les, pour les, pour les dames / Ils sont meilleurs que le pain / Pour les dames et les enfants.

Neren mit dessus une planche / Du boudin blanc comme neige / Et douze langues de bœuf / Qui étaient noires comme pain; / Et puis de son bon vin vieux / Que j'ai souvent bu, / Et boirai, s'il plaît à Dieu, / Jusqu'à, jusqu'à, jusqu'à Pâques / Et boirai, s'il plaît à Dieu, / Plus qu'il ne veut m'en donner.

À nous deux, père Alexis, / Il nous faut faire une offrande / Et nous joindre cinq ou six / Pour toucher une sarabande; / Avec notre gros bourdon / Nous chanterons tout de bon; / Noël, Noël est venu / Nous ferons la bourdifaille / Noël, Noël est venu, / Nous ferons du brouet moulu.

Nach diesem Schlemmerlied ein anmutigeres, das man vor ein paar Jahren noch in der Gegend um Saint-Quentin hören konnte. Ich gebe die Version wieder, die ich in der Rue de Buci festhielt:

Chantons, je vous prie / Noël hautement / D'une voix jolie / En solennisant / De Marie pucelle / La Conception / Sans originelle / Maculation.

Cette jeune fille / Native elle était / De la noble ville / Dite Nazareth, / De vertu remplie / De corps gracieux / C'est la plus jolie / Qui soit sous les cieux.

Elle allait au Temple; / Pour Dieu supplier; / Le conseil s'assemble / Pour la marier; / La fille tant belle / N'y veut consentir, / Car vierge et pucelle / Veut vivre et mourir.

L'Ange leur commande / Qu'on fasse assembler / Gens en une bande, / Tous à marier; / Et duquel la verge / Tantôt fleurira / À la noble Vierge / Vrai mari fera.

Tantôt abondance / De gentils galants / La vierge plaisante / S'en vont souhaitant; / À la noble fille / Chacun s'attendait, / Mais le plus habile / Sa peine y perdait.

Joseph prit sa verge, / Pour s'y en venir : / Combien qu'à la Vierge / N'eût mis son désir; / Car toute la vie / N'eut intention / Vouloir ni envie / De conjonction.

Quand furent au Temple / Trétous assemblés, / Étant tous ensemble / En troupe ordonnées, / La verge plaisante / De Joseph fleurit, / Et au même instant / Porta fleur et fruit.

En grande révérence / Joseph on retînt, / Qui par sa main blanche / Cette vierge print; / Puis après le prêtre, / Recteur de la loi, / Leur a fait promettre / À tous deux la foi.

Baissant les oreilles / Ces gentils galants / Tant que c'est merveille, / S'en vont murmurant / Disant c'est dommage / Que ce père gris / Ait en mariage / Cette vierge pris.

La nuit ensuivante, / Autour de minuit, / La Vierge plaisante / En son livre lit, / Que le Roi céleste / Prendrait nation / D'une pucelette / Sans corruption.

Tandis que Marie / Ainsi contemplait / Et du tout ravie / Envers Dieu était, / Gabriel archange / Vint subitement / Entrant dans sa chambre / Tout visiblement.

D'une voix doucette / Gracieusement / Dit à la fillette / En la saluant : / Dieu vous garde, Marie / Pleine de beauté, / Vous êtes l'Amie / Du Dieu de bonté.

Dieu fait un mystère / En vous merveilleux, / C'est que serez mère / Du roi glorieux; / Votre pucelage / Et virginité / Par divin ouvrage / Vous sera gardé.

À cette parole / La Vierge consent, / Le Fils de Dieu vole, / En elle descend. / Bientôt fut enceinte / Du prince des Rois. / Sans mal ni complainte / Le porta neuf mois.

La noble besogne / Joseph pas n'entend / À peu qu'il n'en grogne, / S'en va murmurant, / Mais l'ange céleste / Lui dit, en dormant, / Qu'il ne s'en déhaite, / Par Dieu est l'enfant.

Joseph et Marie / Tous deux vierges sont, / Qui par compagnie / En Bethléem vont. / Là est accouchée / En pauvre déduit / La Vierge sacrée / Autour de minuit.

Y fut consolée / Des anges des cieux, / Y fut visitée / Des Pasteurs joyeux, / Y fut révérée / De trois nobles Rois, / Et fut rejetée / Des nobles bourgeois.

Or, prions Marie / Et Jésus, son fils. / Qu'après cette vie / Ayons Paradis / Et, notre voyage / Étant achevé / Nous donne en partage / Le ciel azuré.

In May-en-Multien singt man wohl nach wie vor das hübsche Lied, aus dem diese Strophe stammt:

Bergers qu'on assemble / Au signal donné / Pour aller ensemble / Saluer tourelourirette / Saluer louladerirette / Le roi nouveau né.

Und auch dieses:

Saint Liphard alla prendre / La Dame du Chemin / À dessein de s'y rendre / Tenant tous en leurs mains / Hautbois, luths et guitares / Pour faire des fanfares, / Trompettes et tambours / Pour jouer tout le jour.

Von diesem Weihnachtslied, das ich in der Rue de Buci hörte, weiß ich nicht, woher es kommt. Jedenfalls ist es voll ländlicher Würze:

Refrain: *Laissez paître vos bêtes, / Pastoureaux par monts et par vaux, / Laissez paître vos bêtes / Et venez chanter Nau.*

J'ai ouï chanter le rossignol / Qui chantait un chant si nouveau / Si haut, si beau, / Si raisonneau, / Il m'y rompait la tête, / Tant il prêchait et caquetait, / Ai donc pris ma houlette / Pour aller voir Nolet. (Refrain)

Je m'enquis au berger Nolet; / As-tu ouï le Rossi-

gnolet / Tant joliet / Qui gringottait / Là-haut sur une épine? / Ah oui! dit-il, je l'ai ouï, / J'en ai pris ma bucine / Et m'en suis réjoui. (Refrain)

Nous dîmes tous une chanson, / Les autres sont venu au son. / Or, sus, dansons. / Prends Alizon! Je prendrai Guillemette, / Margot prendra le gros Guillot / Qui prendra Péronnelle? / Ce sera Talbot. (Refrain)

Ne dansons plus, nous tardons trop; / Allons tôt, courons le trot, / Viens-t'en bientôt. / Attends, Guillot. / J'ai rompu ma courette, / Il faut ramender mon sabot. / Or, tiens cette aiguillette, / Elle t'y servira trop. (Refrain)

Comment, Guillot, ne viens-tu pas? / Eh oui, j'y vais tout le doux pas, / Tu n'entends pas / Trestout mon cas; / J'ai au talons les mules, / C'est pourquoi je ne puis trotter; / Prises m'ont les froidures. / En allant estraquer. (Refrain)

Marche devant, pauvre Mulard / Et t'appuye sur ton billart; / Et toi, Coquard, / Vieux Loriquart, / Tu dois avoir grand honte / De rechigner ainsi les dents, / Et dois n'en tenir compte / Au moins devant les gens. (Refrain)

Nous courûmes de telle roideur, / Pour voir notre doux Rédempteur / Et créateur / Et formateur; /

Il avait, Dieu le sache, / De drapeaux assez grand besoin; / Il gisait dans la crèche / Sur un petit de foin. (Refrain)

Sa mère avecque lui était / Un vieillard si lui éclairait / Point ne semblait / Au beau douillet / Il n'était pas son père / Je l'aperçu bien au museau / Ressemblait à la mère / Encor est-il plus beau. (Refrain)

Or, nous avions un grand paquet / De vivres pour faire un banquet; / Mais le muguet / De Jean Huguet / Et une grande Levrière / Mirent le pot à découvert / Puis ce fut la bergère / Qui laissa l'huis ouvert. (Refrain)

Pas ne laissâmes de gaudir; / Je lui donnai une brebis; / Au petit fils / Une mauvis / Lui donna Péronnelle, / Et Margot lui donna de lait / Une petite écuelle / Couverte d'un volet. (Refrain)

Or, prions tous le Roi des Rois / Qu'il nous donne à tous bon Noël / Et bonne paix / De nos méfaits, / Ne veuille avoir mémoire / De nos péchés, nous pardonner, / A ceux du Purgatoire / Leurs péchés effacer. (Refrain)

Von diesem zarten und köstlichen Weihnachtslied habe ich leider nur eine Passage festgehalten:

Je me suis levé par un matinet / Que l'aube prenait son blanc mantelet. / Chantons Nolet, Nolet, Nolet, / Chantons Nolet encore.

Und hier ein »gefülltes Weihnachtslied«:

Célébrons la naissance / Nostri salvatoris / Qui fait la complaisance / Dei sui patris. / Ce Sauveur tant aimable / In nocte media / Est né dans une étable / De Casta Maria.

An jenem Abend notierte ich auch ein Weihnachtslied aus einer Provinz, die jetzt vom Krieg verwüstet wird, nämlich aus der Champagne La Fontaines und Paul Forts:

Les filles de Cernay / Ne furent endormies. / Avecque beurre et lait / Aux champs ell's se sont mies, / Et celles de Taissy / Ont passé la chaussée / Après avoir ouï / Le bruit / Et le charmant débat / La, la! / De cell's de Sillery.

Zum Schluß sang noch jemand ein anmutiges Weihnachtslied für Kinder, das jüngeren Datums sein muß. Hier eine Strophe daraus:

Une petite abeille / Bourdonnant en frelon / S'approcha du poupon, / Lui dit à l'oreille / J'apporte du bonbon; / Il est doux à merveille; / Goûtez-en mon mignon.

Man kann von der Rue de Buci hundert verschiedene Eindrücke bekommen. Doch ich gäbe sie alle hin für die vom Singen der Weihnachtslieder in jener Nacht damals, ein paar Jahre vor dem Krieg.

Vom »Napo« zum Zimmer von Ernest La Jeunesse

Manchmal verweile ich am Tagesende kurz auf der Terrasse des für sein Eis berühmten »Napo«. Das Café Napolitain an den Boulevards war unlängst als Literatencafé groß in Mode. Noch immer sieht man dort Schriftsteller und Theaterleute. Aber seine literarische Glanzzeit hatte es vor dem Krieg, als es von Jean Moréas, Catulle Mendès, den Silvains und vor allem von Ernest La Jeunesse frequentiert wurde, der dort inmitten seiner Jünger thronte ...

Doch nicht an diesem Ort lernte ich den Verfasser des *Boulevard* kennen ...

Als ich 1907 eines Tages den Boulevard des Italiens verließ, um der Rue de Gramont zu folgen, erregte ein weißes Papier meine Aufmerksamkeit, das vor mir durch die Luft segelte.

Instinktiv ergriff ich im Fluge, was ich für einen Prospekt hielt. Aufblickend bemerkte ich im dritten Stock des Hauses, vor dem ich stand, einen Maskierten, der sich rasch zurückzog und mir zurief: »Heben Sie das Papier auf, Monsieur, ich komme gleich runter und hole es.«

Ich wartete fünf oder sechs Minuten und da ich niemanden kommen sah, betrat ich das Haus, um den Concierge zu bitten, er möge das Blatt für den Mieter im dritten Stock aufbewahren, doch der Concierge sagte: »Sie irren sich bestimmt, der dritte Stock ist unbewohnt. Dort ist ein Appartement für 12 000 Francs, und es ist zu vermieten.«

Ohne mein Erstaunen merken zu lassen, tat ich, als sähe ich noch einmal auf die Adresse eines mitgebrachten Schreibens, gab vor, mich in der Hausnummer geirrt zu haben, und wollte mit einer Entschuldigung gehen, doch just als ich die Glastür öffnete, sah ich den Maskierten im Vorbeilaufen die Maske abziehen. Der Mann war offenbar kahlrasiert und blond. Diese kleinen Vorfälle wirkten so geheimnisvoll, daß ich gar keine Lust mehr hatte, das Papier zurückzugeben. Ich war neugierig und zugleich beunruhigt. Ich drehte mich nach dem Concierge um und erkundigte mich nach der Wohnung, sagte, ich sei auf Wohnungssuche und könne mir durchaus vorstellen, an den Boulevard zu ziehen. Ein paar Augenblicke später besichtigte ich mit ihm die leeren Räume im dritten Stock, sah aber nichts, was ich mit der merkwürdigen Sache, die mich interessierte, in Verbindung bringen konnte. Ich verabschiedete mich rasch, denn ich hatte es eilig, das Papier näher zu betrachten, von dem ich sicher war, daß es ein Geheimnis bergen mußte.

Auf der Straße sah ich den Mann nicht mehr. Ich nahm an, daß er mich verloren, aber wohl gemerkt hatte, daß ich der Rue de Gramont folgte, er mußte sie ebenfalls genommen haben und jetzt glauben, er laufe mir nach und könne mich noch einholen.

Ich machte kehrt, bog in die Rue de Richelieu und erreichte das Palais-Royal, wo ich mich in einer stillen Brasserie bemühte, das unheimliche Dokument zu entziffern. Ich sah, von ungeübter Hand gemalt, die Zeichenfolge: A. B. C. D. E. F. G. H. I. J. K. L. M. N. O. P. Q. S. T. U. V. W. X. Y. Z. Neben den Großbuchstaben stellte eine primitive Zeichnung einen Mann mit zwei Flammen über der Stirn dar, seitlich davon war eine Eins über einer Fünf. Ich stand vor einem Rebus, merkte aber schnell, daß dies keins jener belanglosen Rätsel war, die man in einigen Zeitungen noch findet und die abends im Café von Provinz-Ödipussen entziffert werden. Der Rebus vor mir verwies auf eine alte Kunst. Sein Schöpfer kannte die volkstümliche Symbolik der Bilderrätsel aus der Picardie, in denen mittelalterliche Pamphletisten zeigten, was sie nicht offen sagen durften und was das leseunkundige Volk nur durch Bilder verstehen konnte. Zwar gab es wegen der Schulpflicht nicht mehr die gleichen Gründe, Buchstaben und Ziffern wegzulassen, doch der Verfasser meines Bilderrätsels bediente sich der pikardischen Kunst und verband sie mit den Mitteln der Renaissancegelehrten, bei denen sich schon ein Verfall des Rebus zeigt. Ich wußte also, daß es beim Entziffern eines solchen Rebus nicht darum ging, einen genauen phonetischen Bezug zwischen den Zeichen und dem Dargestellten zu finden. Kurz, ich merkte, daß auf dem Papier alle Buchstaben außer dem R geschrieben standen, daß der Mann mit den feurigen Hörnern Moses war und daß die Eins über der Fünf durch ihren Platz rechts neben dem hebräischen Gesetzgeber deutlich genug auf das Erste Buch des Pentateuch verwies, womit das Rätsel offenbar wie folgt zu lesen war: *R n'est là, genèse*, und das hieß ohne jeden Zweifel: Ernest La Jeunesse.

So mündete dieses bizarre Abenteuer in den Namen des Autors von *Les nuits, les ennuis et les âmes de nos plus notoires contemporains* (Die Nächte, die Sehnsüchte und die Seelen unserer bekanntesten Zeitgenossen), *L'Imitation de notre maître Napoleon* (Die Nachfolge unseres Meisters Napoleon), *Cinq ans chez les sauvages* (Fünf Jahre bei den Wilden) und vieler anderer Werke von subtilem Witz. Ich beschloß Ernest La Jeunesse zu besuchen und obwohl wir uns noch nicht begegnet waren, empfing er mich am nächsten Morgen sehr freundlich in dem Hotel, wo er wohnte, am Ende eines abgelegenen Boulevards in Bastille-Nähe.

Da bin ich nun beim Autor dieser neuen *Nächte*, diesem Musset, der nicht nur der Dichter der Jugend, sondern die Jugend selbst ist.

Ich bemerke ihn kaum und grüße nur mechanisch. Sein Zimmer nimmt meine Aufmerksamkeit ganz gefangen. Der Boden ist übersät mit schön gebundenen Büchern, Emailarbeiten, Kunstwerken aus Elfenbein, Bergkristall und Perlmutt, Kompassen, Steingut aus Rhodos und Damaskus, chinesischen Bronzen. Links neben der Tür steht ein weißer Holztisch mit einer Fülle von Kameen und Intaglios, archaischen griechischen Gemmen, etruskischen Skarabäen, Ringen, Siegeln, afrikanischen Statuetten, Spielzeug, Netsukes, Chelsea Toys, Bechern und Kelchen. Zwischen dem Tisch, der linken Wand und dem hinteren Ende des Zimmers erhebt sich ein riesiger Berg aus Büchern, alten und modernen Waffen aller Art, militärischen Ausrüstungsgegenständen, Spazierstöcken, Gemälden usw. Rechts kann man im geöffneten Nachtschränkchen eine bis zum Rand mit alten Uhren gefüllte Vase sehen; dann ein eisernes Bettchen, über dem die Wand bis zur Decke mit Miniaturen von Militärs bedeckt ist. Am Fußende türmen sich noch mehr Waffen und seltene Stoffe, Helme und Wachsbilder in Glasbehältern.

Auf einem runden Tisch am Fenster wartet eine Kollektion von alten Bonbons, Figuren aus bemaltem Zuckerwerk, Konditorhäuschen, Fondantschäfchen rings um ein großes italienisches Osterlamm wohl seit über hundert Jahren auf eine Schar übermütiger Kinder, die nie gekommen sind, die großgeworden, gealtert und gestorben sind, ohne diese bezaubernden ungenießbaren Naschereien anzutasten, diese kostbaren Objekte einer Schwelgerei, die nicht mehr ist, deren Geschichte nicht geschrieben wurde und die nicht mal ein Museum hat.

Ich sah Ernest La Jeunesse an, der ausgehfertig war, eine Biberpelzmütze und einen Rohrstock trug und geduldig darauf wartete, daß ich mich von der Verblüffung über sein Zimmer erholte.

Er war stämmig. Ich überlasse es anderen, ihn, seine Spazierstöcke und seinen Schmuck zu beschreiben, möchte aber seine Stimme erwähnen, die sehr hoch war. Ich kam bald zur Überzeugung, daß dieses Sprechen im Sopran weder Zufall noch angeboren noch die Folge eines Unfalls war. Es war eine hygienische Übung, der sich Ernest La Jeunesse sorgfältig unterzog. Mit der Kopfstimme zu sprechen reinigt die Seele und erzeugt klare Gedanken, ja sogar Entschlossenheit und Willenskraft.

Ich zeigte ihm den Rebus und er wirkte überrascht. Doch faßte er sich schnell und meinte, das sei eine seiner Caféhauskritzeleien, kopiert von einem Ahnungslosen. Dann wechselte er das Thema.

Es war die Stunde, zu der Ernest La Jeunesse auszugehen pflegte. Er lud mich ein, ihn zu begleiten, und als wir im »Napo« einkehrten, kam jemand und fragte ihn nach den Namen der Offiziere eines bestimmten Kavallerieregiments. Unverzüglich zählte er sie auf, und als er mein Erstaunen sah, eröffnete er mir, daß er das gesamte *Militär-Jahrbuch* auswendig könne. Dann erinnerte er daran, daß er vor ein paar Jahren bei einer Podiumsdiskussion über taktische Fragen sogar den Kriegsminister mit seinem Wissen in Verlegenheit gebracht hatte. Ernest La Jeunesse zeichnete den Minister, dann sich selbst, dann Napoleon und schenkte mir die Porträts.

Er rief: »Bringt mir meinen Kindersäbel!«

Man holte ihn, und um sie mir zu zeigen, ließ er sich nach und nach mit allen Stücken eines Arsenals ausstatten, das ihm gehört und das im Café für ihn verwahrt wird. Ein Mann, der wohl von Stand war und dessen Akzent ich keiner Nation zuordnen konnte, kam und fragte meinen Begleiter nach Einzelheiten zur Genealogie eines Herrscherhauses. Ernest La Jeunesse gab ohne Zögern Auskunft; worauf er mir sagte, er könne den gesamten *Gothaischen Adelskalender* auswendig ...

Damit verabschiedeten wir uns, und Ernest La Jeunesse ging, um sich nach einem Theaterstück zu erkundigen, das er vor Jahren in ich weiß nicht mehr welchem Theater hinterlegt hatte und das, glaube ich, *Die Dynastie* hieß.

Ich traf ihn oft im Napolitain, wo er einen Großteil seiner Tage verbrachte, seit es das Bols und das Kalisaya nicht mehr gab.

Er starb am 2. Mai 1917 mit dreiundvierzig bei den Barmherzigen Schwestern in der Rue des Plantes an Kehlkopfkrebs.

1874 geboren, hatte dieser Lothringer seine ganze Jugend davon geträumt, Paris zu erobern, und war bald fast berühmt geworden in der Welt der Schriftsteller, Theaterleute und Fechter.

Er debütierte mit einem sonderbaren Meisterstreich: einer Lobrede auf Édouard Drumont, der, ohne zu wissen, daß Ernest La Jeunesse Jude war, einen enthusiastischen Artikel über sein erstes Buch schrieb.

Dieser Erstling trug mehr zum Ruhm des Autors bei als alles, was er später schrieb.

Er hieß *Die Nächte, die Sehnsüchte und die Seelen unserer bekanntesten Zeitgenossen* und nahm, obgleich phantasievoller und mit feinerer Ironie geschrieben, das berühmte *In der Manier von ...* vorweg, dem alle Drei-Litzen-Militärs in den Feldküchen hinter der Front nacheifern, die früher ihre Freizeit mit Horaz-Nachdichtungen verbracht hätten.

Die *Nächte und Sehnsüchte ...* amüsierten alle, die darin erwähnt wurden. Es gab eine Fülle von Besprechungen und der Ruhm des Autors war gemacht.

Seine Straßenkleidung trug das ihre dazu bei. Er war nachlässig angezogen, doch es war nicht die Verlainesche Nachlässigkeit, sondern eine mit Amethystringen, ungewöhnlichen Spazierstökken und sagenhaften Uhrgehängen geschmückte, kurz: es war die Nachlässigkeit eines Boulevardiers.

Seit seiner Ankunft in Paris wohnte La Jeunesse in dem Hotel am Boulevard Beaumarchais, wo ich ihn besuchte; er blieb, bis der Gewinn aus seiner anonymen Mitarbeit am *Kleinen Café* es ihm kurz vor dem Krieg erlaubte, sich zu vergrößern und all die Helme, Waffen, Klamotten napoleonischer Armeen, Bücher, Spazierstöcke, Miniaturen, Medaillen, Münzen, die er im Hotelzimmer angehäuft hatte und die schon fast die Decke erreicht hatten, in die Rue de Liège, damals Rue de Berlin, zu verlagern. Wer diese Rumpelkammer betreten durfte, wird sich an den Nachttopf voller alter Uhren erinnern.

Als es die *Revue Blanche* noch gab, verirrte sich Ernest La Jeunesse manchmal bis in die Rue de l'Échaudé, wo ihn sein Freund Jarry auf jede erdenkliche Weise aufzog.

Später begleitete er Moréas einmal in die Closerie des Lilas.

Letztlich beschränkte er sich auf die Rive Droite, genauer gesagt, auf die Boulevards, wo er seine Gewohnheiten hatte.

Es war schon ein Ereignis, als er eines Tages wegen Gott weiß welcher literarischen Fehde das Kalisaya verließ, wo er sich mit Oscar Wilde angefreundet hatte, und gegenüber im Bols Platz nahm.

Sonst sah man La Jeunesse noch im Cardinal, dessen Büro ihm ebenfalls als Depot für Antiquitäten diente.

Der abendliche Apéritif im Napolitain war zur festen Einrichtung geworden. Dort traf man ihn jeden Abend; noch drei Tage vor seinem Tod saß er dort.

Er ging auch ins Vetzel, ins Tourtel, ins Grand Café, aber nicht regelmäßig.

Im *Journal* schrieb er über Abendveranstaltungen und war außerdem für Nachrufe auf Schriftsteller der Académie Française zuständig. Nach dem Tod von Catulle Mendès hatte er eine Zeitlang die Theaterkritiken besorgt.

Im Anschluß an die *Nächte und Sehnsüchte* hatte er noch einen gewissen Erfolg mit der *Nachfolge unseres Meisters Napoleon*, deren Ton gut in die Zeit paßte, da ein gewisser Stendhalscher Snobismus damals für Literaten unerläßlich war und Maurice Barrès die rätselhafte und anarchisch-elegante Form in Mode gebracht hatte, Subtilitäten und Gongorismen, die nicht zum Schwächsten im Werk dieses bemerkenswerten Schriftstellers zählen.

Man sprach auch noch über *Fünf Jahre bei den Wilden* mit der packenden Schilderung des Begräbnisses von Oscar Wilde. Doch seine letzten Bücher: *L'Holocauste*, *Le Boulevard*, *Le Forçat honoraire* (Der ehrenamtliche Zwangsarbeiter), errangen nur noch Achtungserfolge.

Die jüngeren Generationen schienen ihn zu vergessen, diesen Mann mit zerzausten Haaren, grauer Weste, Ziehharmonikahose und weichem Plüschhut, den letzten Boulevardier.

Von Sem über Capiello bis Rouveyre haben alle Zeichner seine Gestalt bekannt gemacht. Er war ein Pariser Original.

Der Stil von Ernest La Jeunesse, der zur Schule Jean de Tinans gehörte, ist neologisch, das ist sein Fehler; doch er ist gefühlvoll, und das ist sein Vorzug. Aber wird das reichen, um einige seiner Seiten vor dem Vergessen zu bewahren? Man darf es bezweifeln, und wenn man sich an ihn erinnern wird, dann wohl vor allem, weil er der letzte Boulevardier war.

Die Quais und die Bibliotheken

Ich gehe möglichst selten in große Bibliotheken. Lieber spaziere ich über die Quais, diese herrliche öffentliche Bibliothek. Aber manchmal besuche ich die Nationalbibliothek oder die Mazarine, und im Musée social in der Rue Las-Cases traf ich einen seltsamen Leser, einen Bibliotheksliebhaber.

»Vom Herumlaufen in fremden Städten wurde ich oft furchtbar müde«, sagte er, »und um mich auszuruhen, um mich zu Hause zu fühlen, ging ich in eine Bibliothek.«

»Daher kennen Sie wohl so viele.«

»Sie bilden den größten Teil meiner Reiseerinnerungen. Ich will nicht von den Pariser Bibliotheken reden, wo ich viel Zeit verbracht habe: nicht von der herrlichen Nationalbibliothek mit ihren noch unbekannten Schätzen und den mit den Initialen E. F. (für Empire français) versehenen Tintenfässern; nicht von der Mazarine, in der ich zauberhafte Gelehrte kennenlernte: Léon Cahun, den Verfasser erstrangiger Romane, die viel zu wenig gelesen werden, André Walckenaer und Albert

Delacour – erstere sind schon tot, letzterer hat mit dem Schreiben wohl auch die Bibliotheksbesuche aufgegeben; und ich will nicht von der abgelegenen Bibliothèque de l'Arsenal reden, die eine der wertvollsten Gedichtsammlungen der Welt besitzt, und auch nicht von der bei Skandinaviern so beliebten Bibliothèque Sainte-Geneviève.

Wegen ihrer Helligkeit ist die Bibliothek von Lyon wohl eine der angenehmsten. Sie hat mehr Tageslicht als alle Pariser Bibliotheken. In der kleinen Bibliothek von Nizza habe ich Nostradamus' *Geschichte der Provence* verschlungen und mich ins Sarazenenlager Fraxinet begeben, derweil draußen der Karneval im Gange war mit Musik und Konfettiregen.

Die Bibliothek von Quimper hat eine Muschelsammlung. Als ich einmal dort war, kam ein gutgekleideter Mann herein und schaute sie sich an. ›Haben Sie diesen Kinderkram bemalt?‹ fragte er den Konservator mit lauter Stimme. ›Nein, Monsieur‹, antwortete der ruhig, ›die Natur selbst hat diese Muscheln mit den feinsten Farben geschmückt.‹ – ›Wir werden uns nie verstehen‹, erwiderte der elegante Besucher, ›ich räume das Feld.‹ Und ging.

Eine Oxforder Bibliothek (ich weiß nicht mehr welche) hat alle ihre Werke über Sexualität verbrannt, darunter *Die Physik der Liebe* von Remy de Gourmont und *Kraft und Stoff* von Ludwig Büchner.

In Berlin sah ich kürzlich in der Bibliothek allerhand Pedanten, doch ich machte mich mit einem Leser bekannt, dessen Gesicht mir sympathisch war. Er erläuterte mir die literarischen Vorlieben der jungen Deutschen, und ich übergebe ihm das Wort: ›Die beliebtesten französischen Autoren‹, sagte er, ›sind André Gide, Verhaeren, Maeterlinck und Paul Claudel. Was die deutsche Literatur betrifft, brauche ich über Dehmel oder Mombert nichts zu sagen, da sie in Frankreich sehr bekannt sind. Von den älteren Schriftstellern schätzen wir einige, die man in Paris kaum kennt. Der kranke Peter Altenberg lebt seit zwei Jahren in einem Sanatorium bei Wien. Peter Hille, ein Bohemien, hat zu Lebzeiten kein einziges Buch herausgebracht. Seit seinem Tod tauchen immer wieder Manuskripte auf, die er mit anderen Habseligkeiten bei seinen Wirtinnen zurücklassen mußte; es sind schon vier Bücher veröffentlicht. Paul Scheerbart, inzwischen fünfzig, schreibt kosmische, planetarische Novellen. Karl Kraus ist ein exzellenter Prosaist, der vielbeachtete Essays geschrieben hat. Seine Hauptwerke sind *Die chinesische Mauer* und *Sprüche und Widersprüche*. Vor kurzem hat er eine Schrift gegen Heine verfaßt. Ich gehöre zur Gruppe des ‚Sturm‘, den Herwarth Walden leitet, ein temperamentvoller, kämpferischer Mann, der sich mutig für junge Künstler einsetzt. Zu diesen zählt Albert Ehrenstein, dessen Begabung zu großen Hoffnungen berechtigt. Er versteht nichts von Musik und ist ein erbitterter Gegner des Berliner Tageblatts. Peter Baum ist ein hochempfindsamer lyrischer Erzähler. Auch er hält sich was darauf zugute, von Musik keine Ahnung zu haben. Der Dichter Paul Zech war früher Bergmann in Holland und Westfalen. Alfred Döblin ist Nervenarzt und schreibt Erzählungen. Er war einer der glühendsten Anhänger des Futurismus. All diese Autoren wohnen in Berlin und versammeln sich im Café Josty um Herwarth Walden. Es gibt noch andere, wie Franz Kafka in Prag und Thaddäus Kittner aus Wien.‹ Aber lassen wir Berlin und die Literatur und kommen wir wieder zu den Büchereien.

In der Jenaer Universitätsbibliothek wurden Heines Werke auf Beschluß des Senats aus dem Lesesaal entfernt und sind nur noch im Magazin mit Sondererlaubnis einzusehen.

In Kassel hoffte ich immer dem Geist des Marquis de Luchet zu begegnen, der die Bibliothek Ende des 18. Jahrhunderts leitete und im Handumdrehen durcheinanderbrachte, indem er Wicquefort zu den Kirchenvätern stellte und Barbarismen wie »exeuropeana« auf die Zierleisten schrieb, was nicht nur die Latinisten in Kassel, sondern auch die in Göttingen und Gotha empörte. Letztere machten einen solchen Skandal, daß Luchet abtreten mußte.

Die Bibliothek von Neuchâtel in der Schweiz liegt am schönsten von allen, die ich kenne. Sämtliche Fenster gehen auf den See. Ein bezaubernder Ort! Der Lesesaal ist herrlich. Er ist mit den Porträts berühmter Bürger der Stadt geschmückt. Obendrein kann man in Ruhe lesen, denn man trifft kaum jemanden. Der Leiter – traditionell ein Theologe – schläft auf seinem Pult. Es gibt eine reiche Sammlung französischer Bücher des 17. und 18. Jahrhunderts. Wer Titel haben will, die schwer zu finden sind, darf sie selber suchen.

Die Bibliothek rühmt sich ihrer Rousseau-Handschriften, die in einem großen gelben Umschlag aufbewahrt werden. Nur sie bekommt man ohne weiteres, so stolz ist man darauf.

In der Bibliothek von Sankt Petersburg erhielt man den *Mercure de France* nicht im Lesesaal. Die Privilegierten lasen ihn im Dienstzimmer. Ich habe dort wundervolle kyrillische Schriften auf Birkenrinde gesehen. Die Bibliothek hatte von neun Uhr morgens bis zehn Uhr abends geöffnet. Viele arme Studenten kamen hierher, um sich aufzuwärmen. Der Lesesaal war geradezu ein Hort revolutionärer Gesinnung. Andauernd störten Razzien die Studierstimmung und alle mußten ihren Ausweis zeigen. Zwölfjährige Mädchen lasen dort Schopenhauer. Später kamen unter dem Eindruck von Arzybaschews *Sanin* auch elegante Damen, um die neuesten französischen Symbolisten zu lesen.

Die Lektüre des *Sanin* zeitigte groteske Folgen. Gymnasiasten und Gymnasiastinnen zwischen vierzehn und siebzehn gründeten Sanin-Clubs. Jeder brachte einen Kerzenstummel mit. Es wurde gesungen und getrunken, und wenn die letzte Kerze ausging, begann die Orgie.

Kurz vorm Krieg gab es in dieser Altersgruppe eine bedauerliche Selbstmordepidemie.

Die Bibliothek von Helsingfors ist mit französischen Büchern bestens bestückt, selbst mit den allerneuesten.

In der Transsibirischen Eisenbahn gab es im Salonwagen neben Blumentöpfen und Schaukelstühlen eine Bibliothek mit etwa fünfhundert Bänden, über die Hälfte davon auf französisch, darunter Werke von Dumas d. Ä., George Sand und Willy.

Die Bibliothek in Fort-de-France auf Martinique befindet sich in einer großen Villa im Kolonialstil, die nach dem Brand vor zwanzig Jahren erbaut wurde. Als ich dort war, war der Konservator ein wackerer Alter, der Alphonse de Neuville für das bekannte Gemälde *Die letzten Patronen* Modell stand. Der freundliche Gelehrte empfing die Besucher, suchte ihnen die Bücher heraus etc. Er hieß Saint-Félix, und wenn er noch lebt, wünsche ich ihm ein langes Leben.

Ich hatte Gelegenheit, mich in der Bibliothek des Wissenschaftlers Edison umzuschauen. Den Roman *Die Eva der Zukunft*, in dem er vorkommt, sah ich dort nicht. Vielleicht kennt er Villiers de l'Isle-Adams schönes Werk noch gar nicht. Allerdings bevorzugt er Alexandre Dumas den Älteren. *Die drei Musketiere* und *Der Graf von Monte-Christo* sind seine Lieblingsbücher.

In New York blieb ich oft lange in der Carnegie-Bibliothek, einem riesigen Bau aus weißem Marmor, der nach Aussagen einiger Besucher jeden Tag abgeseift wird. Die Bücher kommen mit dem Aufzug. Jeder Leser kriegt eine Nummer, und wenn sein Buch da ist, leuchtet ein Lämpchen. Ein Lärm wie im Bahnhof. Die Bereitstellung dauert etwa drei Minuten, falls länger, wird es durch Klingeln angezeigt. Der Lesesaal ist gewaltig, in drei Kassetten an der Decke sollen einmal Fresken hinein, vorläufig sind sie mit Grisaillewolken ausgemalt. Die Bibliothek ist allen zugänglich. Vor dem Krieg wurden alle deutschen Bücher angekauft, französische dagegen nur begrenzt. Nur berühmte Autoren hatten eine Chance. Als Henri de Régnier in die Académie Française gewählt wurde, bestellte die Bibliothek alle seine Werke, denn sie besaß kein einziges. Rachildes *Der Wölfinnen Aufruhr* gibt es auf russisch, im Katalog steht ihr Name in kyrillischen Lettern, dahinter die Transkription mit drei Fragezeichen. Dabei hat die Bibliothek seit zehn Jahren den *Mercure* abonniert. Da es keinerlei Kontrollen gibt, werden im Monat durchschnittlich vierhundertvierundvierzig Bücher geklaut, meist Unterhaltungsromane, die ohnehin vorher kopiert werden. Die Zweigstellen in den Arbeitervierteln haben fast nur Kopien. Die in der Vierzehnten Straße (dem jüdischen Viertel) besitzt viele jiddische Werke. Neben dem großen Lesesaal gibt es Säle für Musik, semitische Literaturen, Technik, US-Patente sowie einen Zeitungslesesaal und einen Saal mit Schreibmaschinen zur freien Benutzung. Im Saal für Blinde sah ich ein junges Mädchen mit den Fingerspitzen Marguerite Audoux' *Marie-Claire* lesen. Im Obergeschoß befindet sich eine Gemäldegalerie.

Das sind die Bibliotheken, die ich kenne.«

»So viele kenne ich nicht«, antwortete ich, hakte mich bei dem Bibliothekswanderer unter und wechselte das Thema.

Eines Tages traf ich auf den Quais Edouard Cuénod, Hausverwalter in Montparnasse und in der Freizeit Bibliophiler. Er schenkte mir eine amüsante kleine Broschüre, die er selbst verfaßt hat.

Das Heftchen hat Carlègle illustriert. Es ist noch nicht sehr bekannt, wird aber bei Sammlern von Phantasie-Katalogen sicher noch berühmt. Der Titel lautet: *Katalog der Bücher aus der Bibliothek von Monsieur Ed. C., die am nächsten 1. April in der Salle des Bons-Enfants zum Verkauf stehen.* Hier ein paar Einträge aus dem drolligen Katalog:

ABÄLARD. Unvollständig, beschnitten.

ALEXIS (P.). *Die man nicht heiratet.* Zahlr. Flecken.

ALLAIS (A.). *Der Regenschirm der Truppe.* In rotem Perkal.

ANGE BÉNIGNE. *Perdi, der Damenschneider.* Mit Anmerkungen.

ARISTOPHANES. *Die Frösche.* Auf Sumpfbüttenpapier.

AURIAC. *Jahrmarktstheater.* Flattersatz.

BALZAC (H. DE). *Das Chagrinleder.* Passender Einband.

BEAUMONT (A.). *Der schöne Oberst.* Hervorr. Erhaltungszustand.

BOISGOBEY (F. DE). *Enthauptet.* In 2 Teilen, Kopf beschnitten, stockfleckig.

Borel (Pétrus). *Madame Potiphar.* Bückware.

Carlègle et Cuénod. *Das Automobil 217-UU.* Bleisatz.

Claretie. *Die Zigarette.* Auf Reispapier.

Coulon. *Der Tod meiner Frau.* In Halb-Chagrinleder.

Courteline. *Ein ehrlicher Kunde.* Selten, sehr gefragt.

Dubut de Laforêt. *Der Tattergreis.* Stark ausgeblichen.

Dufferin (Lord). *Briefe aus der Polarregion.* Glanzpapier, schneeweiß.

Dumas (A.). *Napoleon.* Großformat.

Dumas fils (A.). *Der Frauenliebling.* Restlos vergriffen.

Dumas fils (A.). *Monsieur Alphonse.* Grüner Einband.

Fleuriot (Z.). *Die Trockenfrucht.* Preisgekrönt von der Acad. française.

Gaignet. *Bossuet.* Kanzleipapier.

Grandmougin. *Die Schatztruhe.* Ein Schlusselwerk.

Grave (Th. de). *Der Hochstapler.* Mit falschem Titel.

Guimbail. *Die Morphiomanen.* Zahlr. Einstiche.

Hauptmann. *Die Weber.* Ganzleinen.

Havard (H.). *Amsterdam und Venedig.* In Kapitälchen.

Hervilly (E. d'). *Der Brummschädel.* Fraktur.

Karr (A.). *Die Wespen.* Mit Stichen.

Kock (P. de). *Berühmte Hahnreie der Weltgeschichte.* Zahlr. Eselsohren.

La Fontaine. *Der Ring des Hans Carvel.* Auf dem Index.

La Fontaine. *Die beiden Tauben.* Federleichtes Bütten.

Das Stundenbuch. In-18 Jésus

Maeterlinck. *Das Leben der Bienen.* Zahlr. Drohnen.

Maindron. *Die Waffen.* Mit Stahlstichen.

Mattey. *Die Tausendernote.* Sehr selten.

Maury (L.). *Abd-el-Aziz.* Maroquin, berieben.

Montbart (G.). *Die Melone.* Spalten aufgeschnitten.

Rémusat (P. de). *Monsieur Thiers.* Westentaschenformat.

Thierry (G.-A.). *Ein rauhbeiniger Kapitän.* Schafledereinband.

VIGNY. *Cinq-Mars*. Kopfblatt herausgeschnitten.

VILMORIN. *Die Zwiebeln*. Auf Durchschlagpapier.

VOLTAIRE. *Das Jahrhundert Ludwigs XIV.* Reich illustriert und prachtvoll ausgestattet etc. etc.

Ein vergnügliches bibliographisches Kuriosum.

Ich sah Ed. Cuénod noch mehrmals auf den Quais. Er ist erst kürzlich gestorben, und wenn ich an den Ständen der Bouquinisten am Institut de France vorbeigehe, sehe ich vor meinem geistigen Auge die unverwechselbare Gestalt dieses Mannes. Mit seiner Scherzbibliographie wetteiferte er mit Rabelais und Remy de Gourmont, der vor der Dämmerung stets noch eine Runde über die Quais machte.

Kann man in Paris einen schöneren Spaziergang machen? Wenn man Zeit hat, sollte man für das Stück von der Gare d'Orsay zum Pont Saint-Michel ruhig einen ganzen Nachmittag einplanen. Es gibt auf der ganzen Welt bestimmt keinen reizvolleren, keinen angenehmeren Spazierweg.

Das Kloster in der Rue de Douai

Jedesmal wenn ich an der Ecke Rue de Douai, Place Clichy vorbeikomme, wo jetzt eine Schule ist und vor der Trennung von Kirche und Staat ein Kloster war, in dem mein erstes Buch *Der verwesende Zauberer* gedruckt wurde, denke ich an Paul Birault.

Seine Geschichte ist bekannt. Er schaffte es, Abgeordnete und vor allem Senatoren für ein Komitee zu gewinnen, das dem erfundenen Demagogen Hégésippe Simon ein Denkmal errichten sollte. Die köstlichen Einzelheiten dieser Mystifikation enthüllte er im *Éclair*, und der Mystifikateur wurde berühmter als die Erfinder dieses von Voltaire mißbilligten Worts, die den Tölpel Poinsinet mit so viel Bosheit hereinlegten, daß er sich im Guadalquivir ertränkte. Anders als die Boronali zugeschriebene Farce, auf die niemand hereinfiel, setzte diejenige Biraults alle zu Opfern erwählten Parlamentarier in Bewegung, keiner lachte schallend los, als er das angeblich aus den Werken des »Wegbereiters der Demokratie«

Hégésippe Simon stammende Motto las, welches das Rundschreiben für das Denkmalprojekt in den Geburtsstädten dieses großen Mannes zierte, der in mehr Städten geboren wurde als Homer.

»Wenn die Sonne aufgeht, schwindet das Dunkel«, lautete der Satz, den Paul Birault Hégésippe Simon in den Mund gelegt hatte. Er bringt die Art Rhetorik auf den Punkt, die so gut ankommt und dank des Phonographen noch die schönste Zukunft vor sich hat.

Birault, ein neuer Caillot-Duval, denn auch er bediente sich der Briefform, wurde in Zeitungen »unser vorzüglicher Mitstreiter« genannt; es lag allein in seiner Macht, für eine Eminenz zu gelten, und wenn es ihm eines Tages gefallen hätte, Mitglied der Académie Française zu werden, so hätte er sich nur in die Salons bequemen müssen, wo er als geistreicher Mensch mühelos geglänzt hätte.

Ich lernte Paul Birault 1910 kennen, als er mir die Ehre erwies, mein erstes Buch, den *Verwesenden Zauberer*, zu drucken. Seine Werkstatt war damals in dem Kloster am Ende der Rue de Douai, Ecke Place de Clichy. Er hatte bereits meinen ersten Gemäldekatalogtext gedruckt, den zur ersten Ausstellung von Georges Braque, dem berühmten Kubisten, bekannten Akkordeonspieler, Erneuerer der Bühnenausstattung lange vor den Delaunays und emeritierten Gigue-Tänzer, denn ich glaube, die Hingabe an die Malerei bewog ihn 1915 gerade in dem Moment zum Verzicht aufs Tanzen, als die Tanzlust am größten war. Durch seine Bekanntschaft mit dem Maler Kees van Dongen wurde Paul Birault zum Drucker des Verlegers von Katalog und Buch, und das ist er noch heute.

Es war abgemacht, daß ich mit dem Illustrator den Druck des Bandes überwache sollte, mit meinem Freund André Derain nämlich, der die schönsten mir bekannten modernen Holzschnitte gemacht hat.

An einem sonnigen Morgen begaben wir uns zum Kloster in der Rue de Douai, der Verleger, André Derain und ich. Wir trafen uns mit Paul Birault, einem kleinen, unbewegten Mann mit feinen, kränklichen Zügen. Seine Stellung als Inhaber einer kleinen Druckerei schien ihn überhaupt nicht zu befriedigen. Er hatte Chansons veröffentlicht, die in Konzerten gesungen wurden, und zeigte sie uns. Er liebte Kalauer und als ich ihn gelegentlich wiedersah, erzählte er mir im Detail von mehreren Mystifikationen, die er sich ausgedacht hatte; ich glaube, eine davon, an die ich mich nicht mehr erinnere, setzte er sogar in die Tat um, sie hatte etwas mit der Metro zu tun. Er betätigte sich zwar weiterhin in der Druckerei, doch seine fleißige und kluge Frau machte dort bald mehr als er, der nachts bei einer großen Zeitung zu arbeiten begonnen hatte.

Ich durfte sogar privat mit Birault verkehren und bei ihm zu Abend essen, und ich muß sagen, er bewirtete mich ausgezeichnet. Mir ist aufgefallen, daß Leute, die gutes Essen mögen, selten dumm sind. Paul Birault druckte vierhundert Exemplare des *Verwesenden Zauberers*, und er machte das sehr gut.

Heute ist das Buch schon fast berühmt, die meisten Bildtafeln wurden weltweit in Kunstzeitschriften nachgedruckt. Ich glaube, Biraults Werk gehört zu den wenigen Erzeugnissen der zeitgenössischen französischen Druckkunst, die international Einfluß hatten, ohne selbst dem Ausland etwas zu verdanken. Diese vierhundert kleinen Quartbände mit dem von André Derain gezeichneten Jakobsmuschelsignet retteten das

Ansehen der französischen Typographie, als alle Welt bewundernd auf die deutsche, englische, belgische und niederländische Typographie blickte. Darüber hat bei uns noch niemand gesprochen und auch ich tue es erst jetzt, wo mein Drucker als Mystifikateur berühmt geworden ist.

Als echter Geistesmensch war Paul Birault nämlich kein bißchen eitel. Ich bin sicher, der Ruhm hat ihn nicht unbescheidener gemacht, und die Gourmets, die ihn im Club des Cent bewirteten, empfingen einen Mann, der in Gaumendingen genauso erfahren wie sie und ohne eine Spur von Hochmut ist.

In der Zeit zwischen dem *Verwesenden Zauberer* und seiner Erfindung des »Wegbereiters der Demokratie« traf ich ihn noch öfter; er war bereits ein vielbeschäftigter Journalist. Er befaßte sich im *Paris-Journal* mit Luftfahrt, leitete den Lokalteil von *La France* und die Nachrichtenredaktion von *L'Opinion*, wirkte beim *Éclair* mit und betrieb nach wie vor seine Druckerei, wo auch die Bücher von Max Jacob gedruckt wurden.

Er blieb bis zuletzt im Kloster in der Rue de Douai, bis zum Abriß. Meines Wissens wurde er sogar hinausgeworfen, man hatte mit dem Abbruch schon begonnen, die Negertänzer, die lange dort auftraten, machten schon ihre Abschiedsfeten, und Paul Birault saß immer noch jeden Abend mit Frau und Kind in der als Eßzimmer dienenden Zelle unter der Lampe.

In Journalistenkreisen als Mystifikateur berühmt geworden, blieb er für die junge Literatur- und Malereiszene eine Institution.

In der kleinen Druckerei in der Rue Tardieu, die er aufmachte, nachdem er die Rue de Douai verlassen hatte, entstanden die ersten Büchlein von Pierre Reverdy und Philippe Soupault, und dort schrieb ich auch einige der graphischen Gedichte meiner Sammlung *Calligrammes*. Paul Biraults Bücher werden in den Bibliotheken der Bibliophilen ihren Platz behaupten.

Während des Krieges war er der geistreichste Mitarbeiter des *Bulletin des armées de la République*. Er starb 1918 beim unheilvollen Lärm der Berthas und Gothas.

Die Garküche Michel Pons

Kurz vor dem Krieg begegnete ich dem Dichter-Gastwirt Michel Pons, der bei einer Zuwahl der Académie Française die Stimme von Maurice Barrès bekam, und er lud mich ein, ihn zu besuchen. Wenige Tage darauf kam ich gegen fünf Uhr nachmittags zur Garküche Michel Pons, Rue des Moulins Nr. 5.

Eine weißhaarige Frau mit sehr gefälligem Gesicht sagte, der Chef sei oben, und ich stieg eine Wendeltreppe hinauf.

Dort, in einem niedrigen Raum, war Michel Pons mit seinem Freund, dem Seilmacher-Philosophen André Jayet, und klebte beim Licht einer Gaslampe Zeitungsausschnitte, die sich auf seinen letzten Gedichtband *Les Chants d'un déraciné* (Lieder eines Entwurzelten) bezogen.

Michel Pons ist ein Mann im besten Alter, brünett, nicht sehr groß, aber breitschultrig und gut gebaut. Er begeistert sich schnell und lacht gern, beim Erzählen gestikuliert er mit geschlossenen Händen.

Sein Freund, der Seilmacher-Philosoph, ist das genaue Gegenteil von ihm. Er ist groß und mager und wirkt dadurch trotz der weißen Haare jugendlich. Aus seinem Gesicht spricht Ruhe. Ein ausgeprägtes Schielen gibt seinem Blick etwas Abwesend-Geheimnisvolles. Er spricht wenig und stets mit gesundem Menschenverstand, und wenn er zuhört, merkt man, daß er alles hinterfragt, sich aber bemüht, den Gesprächspartner wohlwollend zu beurteilen. Seine adrette Kleidung ist die eines Handwerkers, doch seine Größe und seine Haltung verleihen ihr echte Eleganz. Er erinnerte mich sogleich an einen Freund, der ihm sehr ähnlich sieht, an René Dalize, meinen ältesten Kameraden.

Nachdem wir uns bekanntgemacht hatten, sichtete ich mit meinen beiden Kollegen die von Michel Pons soeben eingeklebten Ausschnitte. Dann sah ich alle älteren durch, und es waren viele.

Nichts macht so neugierig wie ein Handwerker mit intellektuellen Neigungen. Und daß Michel Pons zugleich Dichter und Gastwirt ist, wurde selbst in Australien schon mit Staunen vermerkt. Er hat mehr Interviews gegeben als Edmond

Rostand und wird fast so oft abgebildet wie eine große Schauspielerin.

Übrigens sah ich, daß Michel Pons und André Jayet großen Wert auf Werbung legen und eifrig bemüht sind, ihre Namen noch bekannter zu machen.

»Wenn man glaubt, daß man mit seinem Schreiben den Menschen nützlich sein kann«, sagte der Seilmacher-Philosoph, »ist es dann nicht legitim, kein Mittel auszulassen, um sie zu erreichen?«

Später kam ein großer aufgeweckter Rotschopf mit angenehmen Zügen, der mich an den ältesten Bruder des kleinen Däumlings erinnerte, fiel André Jayet um den Hals und küßte ihn auf beide Wangen. Es war sein Sohn, ein Konditorlehrling.

»Er möchte Koch werden«, sagte der Philosoph, »und ich fand, er müsse erst mal das Konditorhandwerk lernen ... Ich habe Verbindungen ins Gastgewerbe, und sollte er ein großer Koch werden, der mit Carême und d'Escoffier wetteifern kann, wäre er sicher zu beneiden.«

Ich sah also, daß der gute Mann seinem Sohn völlig zu recht keine Flausen in den Kopf setzte, sondern ihm helfen wollte, innerhalb seines Standes eine bedeutende Stellung zu erlangen.

Michel Pons wiederum vergaß das Geschick seines neuen Buchs, nahm den Freund ins Gebet, fragte nach, ob er seinen Band *La Théorie du succès* (Die Theorie des Erfolgs) dieser oder jener womöglich nützlichen Person geschickt habe. Er riet ihm Schritte an, die noch zu tun wären, und ich erfuhr, daß er sich selbst um die Veröffentlichung des Buchs gekümmert und noch mancherlei zu seinen Gunsten unternommen hatte, etwa indem er es in mehreren Artikeln rühmte.

Und als ich, die *Lieder eines Entwurzelten* unter dem Arm, die beiden Freunde verließ, schlug ich die *Theorie des Erfolgs* auf und begann das von Mistral zitierte provenzalische Lied zu summen:

> *In Nîmes neben dem Brunnen*
> *Da wohnt ein Schustersmann*
> *Der singt den ganzen Tag*
> *Während er Schuhe macht.*
> *Auch wenn er immer singt*
> *Er singt doch nicht für uns*
> *Er singt für seine Liebste*
> *Die bei ihm ist.*

Nach Kriegsausbruch schaute ich noch einmal bei dem Freund von Maurice Barrès vorbei. Michel Pons ist ein wenig gealtert, hat sich aber die Liebe zur Dichtung und zur gutbürgerlichen Küche bewahrt. Sein Restaurant läuft gut und man sieht noch immer Dichter und Journalisten unter den Arbeiterinnen.

Ein unbekanntes Napoleon-Museum

Wenn Sie in die Rue de Poissy kommen, machen Sie am Haus Nr. 14 halt und versuchen Sie sich das kleine Napoleon-Museum anzusehen.

Vor dem Krieg hatte es ein eigenes Mitteilungsblatt, das *Journal du musée*.

Ich weiß nicht, ob es in Frankreich oder in der ganzen Welt je eine merkwürdigere Zeitung als das *Journal du musée* gegeben hat. Es erschien vierzehntägig, jeweils am Ersten und am Fünfzehnten des Monats. Redaktionsleitung: Rue de Poissy 14. Abonnement: 3 Francs pro Jahr. In violetter Schrift auf Matrizenpapier abgezogen, bestand es aus zwei Seiten mit je drei Spalten. Das Blatt wurde von einem Zehnjährigen herausgegeben und diente als Werbemittel für das kleine Museum, das er am gleichen Ort gegründet hatte.

Dieses Napoleon-Museum ist so gut wie unbekannt. Es birgt interessante und kostbare Sachen, die der Bub gesammelt hat. Die Initiative des Kindes regte Buchhändler, Antiquare, Liebhaber dazu an, die Schätze des unvermuteten Museums durch Schenkungen zu vermehren. Die Zeitung hatte, wie ich hörte, viele Abonnenten und erschien mit großer Regelmäßigkeit. Jede Nummer kostete zehn Centimes.

Ein Exemplar dieser wunderlichen Zeitung liegt gerade vor mir. Der Aufmacher, eine neue Folge von »Napoleons Leben« von G. Ducoudray, nimmt anderthalb Spalten ein. Die daran anschließende Rubrik »Das Museum« bringt wichtige Informationen.

»Das Museum ist wieder geöffnet. Es ist nicht wiederzuerkennen. Große Veränderungen haben stattgefunden. Zahlreiche Schenkungen bereichern das Museum, darunter die der Herren Thiébaut und Mattei.«

Eine Feuilletonerzählung von Alphonse Daudet bringt etwas literarischen Schwung ins *Journal du musée* und der restliche Platz ist Einfällen und Launen vorbehalten. Hier ein paar Rätselfragen.

In welches Café gen (sic) die Spekulanten?
In welches Café gen die eigenen Leute?
In welches Café gen die Uhrmacher?

*Wer durchquert den Fluß, ohne sich naß zu
   machen?
Wie viele Seiten hat eine viereckige Pastete?*

Und hier ein Epigramm:

*Binet bei seinem Wohlstand doch entbehrt
Den Luxus, den man heute sonst begehrt.
Doch eh ich wie Binet so viele Sachen horte,
Gäb' ich auch was aus für die Aborte.*

Ich glaube nicht, daß der Zehnjährige das geschrieben hat. Doch dem *Journal du musée* gab es eine deftige Note, durch die es sich von der damals üblichen Prüderie abhob. Die letzte Spalte enthält »Auflösungen der Rätselfragen aus der letzten Nummer«, gefolgt von der Auflösung des Rebus-Rätsels: »Hilf dir selbst, so hilft dir der Himmel.« Nur drei haben es gelöst: die Herren Grund, Henri Guérard und Mattei.

Am Schluß der Hinweis: »Durch eine Panne beim Druck erscheint diese Ausgabe mit zweiwöchiger Verspätung. Wir bitten unsere Leser, dies zu entschuldigen.«

Kein Name eines Verantwortlichen, kein Impressum legalisiert die kleine Zeitung, deren wohl größte Besonderheit, die Jugend des Leiters und Chefredakteurs, zu verschwinden bestimmt ist, während seine und unsere Jahre verrinnen.

Ich habe noch andere Kinder gekannt, die aus Spaß Zeitungen herausbrachten. Aber die waren immer handgeschrieben und das einzige Exemplar ging in der Schule von Hand zu Hand. Vor allem eines dieser Pamphlete sehe ich noch vor mir, das mit verschiedenen Tinten gemalt war: schwarz, violett, grün, blau, gelb, rot. Es sollte wöchentlich erscheinen und konnte für Naschwerk abonniert werden: Lakritz, Rohzucker, Kokospulverschachteln etc.; doch zu einer zweiten Nummer kam es nicht mehr.

Ein kleines Mädchen, das heute schon fast eine junge Frau ist, tat sich, als sie zehn war, mit einem Siebenjährigen zusammen, um eine Zeitung zu machen. Sie nahm 30 Francs für Abos ein, davon gab sie dem kleinen Jungen fünf und kaufte sich für den Rest Schokolade. Die vorzeitige Erfüllung ihrer Hoffnungen hatte ihren Schaffensdrang völlig befriedigt; so ist früher Erfolg für einen Dichter fast immer schädlich, wie begabt er auch sein mag.

Der Keller von Monsieur Vollard

In der Rue Laffitte Nr. 8 gleich neben dem Boulevard gab es vor dem Krieg einen Laden, eine richtige Rumpelkammer, in der sich Bilder zeitgenössischer Maler stapelten und alles voller Staub war.

Seit Kriegsausbruch ist er geschlossen. Monsieur Vollard hat sein Geschäft zweifellos aufgegeben, um sich ganz der Schriftstellerei zu widmen und seine Erinnerungen an die Maler und Autoren, die er kannte, aufzuschreiben. Er wird es nicht versäumen, von seinem Keller zu sprechen, der von 1900 bis 1908 berühmt war, damals teilte er mir mit, daß er in seinem »Keller in der Rue Laffitte« nicht mehr auftafeln werde; er war zu feucht geworden.

Jeder hat von diesem berühmten Gewölbe gehört. Es war eine Auszeichnung, zum Mittag- oder Abendessen eingeladen zu werden. Auch ich nahm an einigen dieser Mahlzeiten teil. Gefliest und mit geweißten Wänden, glich der Keller dem Refektorium eines Klosters.

Die Küche war einfach, aber schmackhaft; die Speisen wurden nach den Grundsätzen der traditionellen französischen Küche zubereitet, die man in den Kolonien noch befolgt, die Gerichte wurden auf kleiner Flamme lang gegart und mit exotischen Gewürzen angemacht.

Zu den Gästen dieser unterirdischen Gelage zählten viele schöne Frauen, der Dichterfürst Léon Dierx, der Zeichnerfürst Forain, Alfred Jarry, Odilon Redon, Maurice Denis, Maurice de Vlaminck, José-Maria Sert, Vuillard, Bonnard, K.-X. Roussel, Aristide Maillol, Picasso, Émile Bernard, Derain, Marius-Ary Leblond, Claude Terrasse usw. usf.

Bonnard hat den Keller gemalt, und wenn ich mich recht erinnere, ist auf dem Bild Odilon Redon zu sehen.

Léon Dierx nahm an fast allen Mahlzeiten teil. Dort lernte ich ihn näher kennen. Seine Sehkraft ließ schon nach. Wer ihn auf der Straße oder bei Poesieveranstaltungen gesehen hat, die er mit heiterer Majestät leitete, macht sich keine Vorstellung von der guten Laune des alten Dichters.

Seine Fröhlichkeit wurde nur gedämpft, wenn jemand seine Verse rezitierte, und es gab fast immer irgendeinen jungen Menschen, der plötzlich aufstand und ihm eine seiner Dichtungen an den Kopf warf.

Eines Abends hatte Berthe Reynold eines seiner Gedichte rezitiert, und zwar so gut, daß der Dichterfürst sich nicht darüber ärgerte. In dem Augenblick fragte ein Gast, der sich viel darauf zugute hielt, Paris und die zeitgenössische Dichtung in- und auswendig zu kennen, mit lauter Stimme: »Ist das von Lamartine oder von Victor Hugo?« Es brauchte zwanzig von Vollards Geschichten über die Eingeborenen in Sansibar, bis Dierx sich wieder zu lächeln entschloß.

Léon Dierx erzählte mit Behagen Geschichten aus seiner Zeit im Ministerium. Er tat dort seine Arbeit und beschäftigte sich im Geiste mit Poesie. Einmal sollte er einem Archivar in einem Landratsamt schreiben und schrieb statt Monsieur l'Archiviste »Monsieur l'Anarchiste«, was in dem Amt Skandal machte.

Seine Lieblingsmaler waren Corot, Monticelli und Forain.

Als wir eines Abends Vollards Keller verließen,

lud mich der Dichterfürst ein, ihn in Les Batignolles zu besuchen. Er nahm mich freundlich auf.

An den Wänden hingen Decameron-Szenen von Monticelli neben Skizzen von Forain, und die alten und bunt schillernden Figuren des einen schienen sich unter die modernen und witzigen Silhouetten des anderen zu mischen, ein Hofstaat für den schon fast blinden Fürsten der aristokratischen République des Lettres.

Er war Parnassien, urteilte aber milde über Dichter anderer Schulen (so nennt man die Parteien im Reich der Poesie).

»Alle Theorien können etwas taugen«, sagte er, »doch nur die Werke zählen.«

Er äußerte sich reserviert über die zeitgenössische Literatur, doch wenn er Moréas erwähnte, schwoll seine Stimme an und man erriet, daß ihn eine geheime Vorliebe leiten würde, wenn er als Souverän zu wählen hätte.

Er sagte auch: »Unser Prosa- und Wissenschaftszeitalter hat die größten Dichter hervorgebracht. Ihre Lebensläufe und Abenteuer bilden den merkwürdigsten Teil unserer Zeitgeschichte.

Gérard de Nerval tötete sich, um dem Unglück

des Seins zu entkommen, und das Geheimnis seines Todes ist noch immer nicht gelüftet.

Baudelaire starb im Wahnsinn, jener Baudelaire, über dessen Leben man trotz seiner Biographen und Briefherausgeber so wenig weiß. War nicht so oft von seinen Lastern und seinen Geliebten die Rede? Nun heißt es, Nadar mache sich in seinen Memoiren anheischig zu beweisen, daß Baudelaire als Jungfrau starb.

Und eben jetzt irrt ein Dichter ersten Ranges, ein verrückter Dichter durch die Welt ... Germain Nouveau verließ eines Tages das Gymnasium, an dem er Zeichnen unterrichtete, und wurde Bettler, um dem Heiligen Benoît Labre nachzueifern. Später ging er nach Italien, wo er malte und vom Verkauf der Bilder lebte. Jetzt ist er als Pilger unterwegs und ich erfuhr, daß er in Brüssel, Lourdes und in Afrika war. Ihn verrückt zu nennen ist wohl übertrieben, Germain Nouveau weiß um seinen Zustand. Dieser Mystiker will nicht Narr oder dichtender *Poverello* genannt werden, er will, daß man ihn einen Geisteskranken nennt.

Freunde brachten einige seiner Gedichte heraus, und da er seinen Namen abgelegt hat, steht auf dem Buch, geheimnisvoll wie ein Klostername: P. N. Humilis. Demütig wie er ist, wäre er schockiert, wenn er von der Veröffentlichung wüßte.«

Léon Dierx zündete seine Meerschaumpfeife wieder an. Er schüttelte seinen Kopf mit dem langen weißen Haar.

»Germain Nouveau kann immer noch malen, ich kann es nicht mehr. Mein Sehvermögen hat so stark nachgelassen, daß ich fast blind bin. Ich kann mir zugesandte Bücher nicht mehr lesen. Früher malte ich zur Entspannung. Für mich gibt es nichts Herrlicheres als das Leben eines Landschaftsmalers ...«

Der in Übersee geborene Dichterfürst machte schließlich einem anderen Platz, Paul Fort, der kaum älter ist als wir.

In dem Keller in der Rue Laffitte entstand *Le Grand Almanach illustré* (Vater Ubus illustrierter Almanach für das zwanzigste Jahrhundert). Bekanntlich sind die Texte von Alfred Jarry, die Bilder von Bonnard und die Musik von Claude Terrasse. Das Lied wiederum ist von Ambroise Vollard. All das ist bekannt, und doch scheint niemand bemerkt zu haben, daß der Almanach ohne Autor- und Verlagsangabe erschien.

An dem Abend, an dem er fast alles erfand, was in diesem eines Rabelais würdigen Werk steht, verschreckte Jarry diejenigen, die ihn noch nicht kannten, indem er nach dem Essen eine Flasche sauer eingelegte Pickles verlangte und gierig verschlang.

Viele frühere Gäste werden dieses malerische Stück Paris vermissen, das weiße Kellergewölbe neben dem Boulevard, wo man die Stille genoß und kein einziges Bild an der Wand hing.

Anmerkungen

Erinnerungen an Auteuil

Das Kapitel ist eine Collage aus vier Artikeln, die 1911/12 in Apollinaires Kolumne »La Vie anecdotique« im *Mercure de France* erschienen: »L'Adieu à Auteuil«, »Le vieux Paris qui disparaît«, »L'Hôtel des Haricots est devenu un musée de l'éclairage« und »La Chambre de M. Canudo«.

Nicht ohne Wehmut verlassen – Apollinaire zog im Sommer 1909 nach Auteuil, wo seine Freundin, die Malerin Marie Laurencin lebte, und wohnte dort bis Januar 1913.

Schädeloperation – Am 17. März 1916 durchschlug ein Granatsplitter Apollinaires Helm, als er im Schützengraben den *Mercure de France* las, und verletzte ihn an der Schläfe. Die zunächst für nicht sehr schwer gehaltene Verwundung verursachte zahlreiche Komplikationen, von denen er sich bis zu seinem Tod am 9. November 1918 nicht mehr erholte. Die Schädeltrepanation in der Villa Molière erfolgte am 9. Mai 1916.

Point du Jour – Stadtviertel von Auteuil, früher durch den 1962 abgebrochenen Viaduc du Point du Jour bekannt. Der Name geht möglicherweise auf Duelle zurück, die dort bei Tagesanbruch ausgetragen wurden.

Ménesse – Argotbezeichnung für Frau.

Balzacs Haus – Apollinaire war Mitglied der Société des Amis de Balzac und veranstaltete in dem Haus 1912 ein Essen mit Künstlern aus dem Viertel.

Hôtel des Haricots – (Bohnenpalast) Tatsächlich verdankte das Gebäude seinen Namen einem Oberst Darricaud, der im Ersten Kaiserreich die Nationalgarde befehligte und in dessen Haus am Quai d'Austerlitz die Nationalgardisten 1837–64 ihre Strafen verbüßten, bis das »Hôtel des Haricots« nach Auteuil verlegt wurde.

Alexandre Treutens – Außer dieser Erwähnung hat der Volksdichter keine bleibenden Spuren hinterlassen.

Medardo Rosso – (1858–1928) Für Apollinaire nach Rodins Tod der bedeutendste lebende Bildhauer in Paris.

Löwenbraut – Chamissos Ballade erschien 1888 im Anhang seines *Peter Schlemihl* auf französisch. Bei dem scheinbaren Zitat handelt es sich um ein Resümee.

Kruzifixe, die aus dem Justizpalast entfernt wurden – Nach der Trennung von Kirche und Staat 1905.

Mineralische Landschaft – In seinem Aufsatz »Retour de Guillaume Apollinaire« schreibt Mac Orlan (Pseudonym von Pierre Dumarchey, 1882–1970): »Ich wohnte in der Rue Ranelagh in der Wohnung, die er im ›Flaneur in Paris‹ genau beschrieben hat. Die Beschreibung ist zutreffend. Weniger zutreffend ist, daß mich diese mineralische Mondlandschaft begeistert hätte, sie bedrückte mich, trotz der Gasometer. Guillaume Apollinaire wohnte natürlich in einem hübschen Haus mit gepflegtem Vorgarten, wie Guido Gezelle in Brügge. Doch in seiner Güte versuchte er mich aufzumuntern, indem er mir einreden wollte, dieser bescheuerten Landschaft wohne ein Zauber inne.« (Le Flâneur des deux rives. Bulletin d'études Apollinariennes n° 2, Juni 1954).

Ricciotto Canudo (1879–1923) – Aus Italien gebürtiger Schriftsteller, Kritiker und Filmtheoretiker, Freund Apollinaires, erfand für den Film die in Frankreich noch heute gebräuchliche Bezeichnung siebte Kunst. Die 1913 gegründete Zeitschrift *Montjoie!* vertrat eine kuriose Mischung aus Nationalismus und Avantgarde, ihr Untertitel war »Organ des französischen Kunstimperialismus«. Canudos Briefe an Apollinaire erschienen 1999.

Die Buchhandlung von Monsieur Lehec

Für dieses Kapitel verwendete Apollinaire Passagen aus drei Artikeln seiner Kolumne im *Mercure de France*: »Deux élèves de Mgr Dupanloup« (1911), »Virgilius Nauticus« (1912) und »L'abbé Delille et Leconte des Lisle« (1912).

Dupanloup, Félix (1802–1878) – Bischof von Orléans, bis zu seinem Austritt 1875 Mitglied der Académie Française.

Alcide Bonneau (1836–1904) – edierte und übersetzte aus dem Italienischen bzw. Spanischen rund fünfzig Bände Erotika und Kuriosa für den Verleger *Isidore Liseux*

(1835–1894). Die langjährige und enge Partnerschaft nährte das Gerücht, Liseux existiere gar nicht, sondern sei eine Erfindung Bonneaus. Wohl auch deshalb hat Paule Adamy in ihrer Monographie *Isidore Liseux – un grand »petit éditeur«* (2009) seine Geburts- und Todesurkunde faksimilieren lassen.

Jules Marry (Lebensdaten nicht zu ermitteln) – Pseudonym eines gewissen Delisle oder Delille, der das Büchlein 1904 veröffentlichte. Sein Quasi-Namensvetter Jules Mary (1851–1922) schrieb Zeitungsromane und galt als »neuer Alexandre Dumas« und »König des Feuilletons«.

Karagöz – Ungehobelte und sinnenfrohe Hauptfigur des türkischen Schattentheaters.

Überschreiten der Beresina – Durch dieses Manöver rettete Napoleon beim Rückzug aus Rußland im November 1812 die Reste seiner Armee.

Boulangismus – Nach General Georges Boulanger (1837–1891) benannte konservativ-populistische Bewegung, die 1888–90 großen Zulauf hatte. Als Kriegsminister und nach seiner Entlassung als Parteiführer setzte sich Boulanger u. a. für eine Revanche gegen Deutschland ein.

seines Namens – Boulanger = Bäcker

Estienne, Robert (1499– oder 1503–1559) – französischer Drucker, Verleger und Lexikograph.

Elsevier – Niederländische Verleger- und Buchdruckerdynastie.

Blaustrumpflande – (Pays-Bas bleus) Unübersetzbares

Wortspiel: Pays-bas = Niederlande, Bas bleu = Blaustrumpf (veraltet f. gelehrte oder schriftstellernde Frau).

Bazaines Verrat – General François Achille Bazaine (1811–1888) befehligte im Herbst 1870 die Rheinarmee. Nach der Niederlage von Sedan und der Ausrufung der Dritten Republik durch Léon Gambetta intrigierte er gegen die neue Regierung und verhandelte mit Deutschland, »um Frankreich vor sich selbst zu schützen«. Nach dem Krieg wurde er zu zwanzig Jahren Haft verurteilt, floh jedoch nach Spanien.

im Hause des Übersetzers nicht vom Verräter – Anspielung auf das italienische Sprichwort »traduttore – traditore«, Übersetzer – Verräter.

Auguste Jal (1795–1893) – Als Marineoffiziersschüler 1817 wegen »subversiver Äußerungen« entlassen, Journalist, Historiker, Konservator des Archivs der französischen Marine. Sein *Glossaire maritime* (1848) beanspruchte, alle seemännischen Begriffe aller Zeiten und Länder zu verzeichnen.

Littré, Émile (1801–1881) – Herausgeber des maßstabsetzenden und später nach ihm benannten *Dictionnaire de la langue française* (vier Bände, 1863–77). Seine Aufnahme in die Académie Française führte 1875 dazu, daß Bischof Dupanloup sie aus Protest gegen Littrés Mitgliedschaft in einer Freimaurerloge verließ.

Monsieur Bergeret – Professor für lateinische Literatur an der Universität Tourcoing, Protagonist der Tetralogie *Histoire contemporaine* von Anatole France (1896–1901, deutsch unter dem Titel *Die Romane der Gegenwart*). Bergeret arbeitet am *Virgilius Nauticus*, ohne das Buch je zu vollenden.

Parthenope – Griechische Kolonie im Stadtgebiet des heutigen Neapel.

Aphlast – Heckverzierung

Chenisquen – Gänsekopfähnliche Verzierung

puppes – Gemeint ist wohl puppis, das in Lateinwörterbüchern mit Heck, Achterdeck, Schiff übersetzt wird. Doch was hätte der penible Jal dazu gesagt?

Triplici versu – Anspielung auf die Verse 119f. des fünften Gesangs der Aeneis: »Triplici pubes quam Dardana versu / Impellunt, terno consurgunt ordine remi«, die Jal etwa so übersetzt: »Die trojanische Jugend treibt sie durch drei aufeinanderfolgende Ruderschläge, zwischen denen Jubelrufe erschallen.« Zum Vergleich die deutsche Übersetzung von Emil Staiger: »Drei Staffeln dardanischer Jugend / Gaben ihr Schwung. Drei Reihen erhoben die Ruder zum Schlage.«

Celeusma – Der taktgebende, anfeuernde Ruf des Schiffshauptmanns an die Ruderer.

Buline – Haltetau an einem Rahsegel, dient dem Trimmen des Segels.

hortator – Anfeuerer

Abbé Delille – Jacques Delille (1738–1813), Dichter, Professor für lateinische Dichtung am Collège Royal und Übersetzer von Vergils *Äneis* und *Georgica*.

Leconte de Lisle – Eigentlich Charles Marie René

Leconte (1818–1894), wichtigster Vertreter der Dichterschule der Parnassiens. Das Pseudonym spielt auf seine Herkunft aus Réunion an: Le Comte de l'île = der Graf von der Insel.

Louis Veuillot (1813–1883) – Streitbarer katholisch-konservativer Journalist und Publizist.

Kain, kainitisch, kaldäisch – Im Französischen sonst mit c geschrieben.

Choiseul-Parnaß – Lemerre, der Verlag der Parnaßdichter, hatte seinen Sitz in der Choiseul-Passage im zweiten Arrondissement.

Rue Bourbon-le-Château Nr. 1

Für dieses Kapitel griff Apollinaire auf seine *Mercure-de-France*-Kolumnen über Fernand Fleuret (1912), Maurice Cremnitz (1911) und Léo Larguier (1915) zurück.

André Mary (1879–1962) – Dichter und Kenner mittelalterlicher Dichtungsformen, die er wiederzubeleben versuchte.

Fernand Fleuret (1883–1945) – Schriftsteller und Journalist mit einer Vorliebe für Barockdichtung, Freund und Mitarbeiter Apollinaires seit ihrer Begegnung 1908 in der Nationalbibliothek. Ein weiterer Beleg für seinen von Apollinaire hervorgehobenen »Hang zu Mystifikationen«: Fleuret erfand 1907 für ein Preisausschreiben mit Regionalbezug den Dichter Jean Gauthier Thirel de la Pinsonnière und reichte einen Essay über ihn ein.

Die Jury gab ihm nur den fünften Platz, weil de la Pinsonnière als emigrierter Chouan (Anhänger des normannischen Widerstands gegen die Revolution) »wenig mit den Angelegenheiten unserer Region zu tun hatte«, merkte aber nicht, daß die zitierten Gedichte von Corneille, Mallarmé und anderen waren.

Le Carquois du Sieur Louvigné du Dézert – Das Buch erschien 1912 »nach Fragmenten eines unveröffentlichten Manuskripts, eingeleitet durch eine Lebensbeschreibung des Autors von seinem Sohn, mit einer Vorbemerkung sowie Anmerkungen«. In seiner Notiz für den von ihm katalogisierten »Giftschrank« der Nationalbibliothek schreibt Apollinaire über das Buch u. a.: »Die Literaturgeschichte kennt keinen gelungeneren Schwindel als *Le Carquois du Sieur Louvigné du Dézert*, den Fernand Fleuret 1910–11 verfaßte. Das Werk zeugt nicht nur von tadelloser Bildung, sondern auch von einem bezaubernden und ganz eigenen Talent. Der *Carquois* erhebt Fleuret zum freizügigsten der Libertins.«

Schwindel, der den von Prosper Mérimée in den Schatten stellt – Anspielung auf Mérimées angeblich aus dem Spanischen übersetztes Erstlingswerk *Le Théâtre de Clara Gazul* (1825).

Ausgrabungen von Madame Dieulafoy – Die Schriftstellerin und Archäologin Jane Henriette Dieulafoy begleitete ihren Mann in Männerkleidern bei seinen Expeditionen und Ausgrabungen, u. a. in Persien. Vermutlich druckte die von Apollinaire erwähnte Zeitung couilles

(Hoden) statt fouilles (Ausgrabungen). Das letztere Wort ersetzt wohl auch bei dem Ausruf des Verlegers jenes andere, das zu Apollinaires Zeit in einem seriösen Text nicht gedruckt werden konnte – das von Fleuret angebotene Manuskript war ja ein erotischer Roman.

Maurice Cremnitz (1875–1935) – aus Ungarn gebürtiger Bohemien aus dem Kreis um Alfred Jarry, Pseudonym Maurice Chevrier.

Léo Larguier (1878–1950) – Lyriker, Erzähler, Essayist. Maurice Allem erwähnt diese Stelle in seiner Besprechung in der *Minerve Française* vom Juni 1919: »Apollinaire behauptet, Leo Larguier sei mehrmals dort [in der Rue Bourbon-le-Château Nr. 1] gewesen. Larguier dagegen sagte mir, er habe das Haus nie betreten. Mein Gott, ein Flaneur ist kein Historiker! Und außerdem besteht das Verdienst dieser wenigen Kapitel vor allem in ihrer Anmut und der schönen Sprache.«

Moréas zum Trotz – Anspielung auf ein Gedicht aus dem Zyklus *Stances* (1899) von Jean Moréas (Pseudonym von Ioannis Papadiamantopoulos, 1856–1910): »Coupez le myrte blanc aux bocages d'Athènes, / A Nîmes le jasmin; / A Lille et dans Paris, que les roses hautaines / Tombent sous votre main, // Aux Martigues d'azur allez cueillir encore / La flore des étangs, / Pour former la couronne, amis, qui me décore.«

Louis Sainturier (1876–1958) – Zeichenlehrer und Kunsthistoriker an der École des Beaux-Arts de Nîmes.

Van Dyck, »Charles I. von England als Kind« – Von den

Lebensdaten her kaum möglich, wohl eher ein Bildnis seines Sohnes Charles II., den Van Dyck mehrmals gemalt hat.

Weihnachtslieder in der Rue de Buci

Abgesehen vom neuen ersten Absatz entspricht das Kapitel weitgehend der *Mercure*-Kolumne vom 1. Januar 1918. Auf die Übersetzung der Lieder wurde verzichtet, da die Mehrdeutigkeiten, Archaismen, Regionalismen und Argotwörter nicht adäquat wiederzugeben sind.

Dès que la ville de Bourg – Das Lied schildert die Geschäftigkeit, die in Bourg ausbricht, als man von der Neuigkeit (Jesu Geburt) erfährt. Jeder – allen voran die ortsansässigen Wirte – versucht das Beste aufzutafeln, was er hat, und wer das nicht kann (wie das anonym bleibende Subjekt am Ende des Lieds), beteiligt sich am Musizieren und Singen.

Chantons, je vous prie – handelt von der Suche nach einem Mann für die hübsche Maria und enthält etliche frivole Wortspiele mit vierge (Jungfrau) und verge (Rute). Ein Engel befiehlt, man möge die Junggesellen in Nazareth versammeln; wessen Rute erblühe, der sei der Jungfrau »wahrer Gatte«. Auch Joseph, der sich nie binden wollte, nimmt den Wanderstab (verge) und macht sich auf den Weg. Im Tempel geschieht das Wunder: seine Rute trägt »zu gleicher Zeit / Blüte und Frucht«. Die geschlagenen Mitbewerber murren über den Graubart.

Der Erzengel Gabriel verkündet Maria, sie werde Gottes Sohn empfangen, doch rein und unberührt bleiben. Sie willigt ein und wird schwanger. Joseph grollt, er begreift das »gute Werk« nicht, der Engel mahnt und tröstet ihn im Schlaf. Das Lied endet mit einer Anrufung Marias.

Laissez paître vos bêtes – Eine Nachtigall, die auf einem Dornstrauch »predigt und schwatzt«, bringt das lyrische Ich dazu, den befreundeten Schäfer Nolet aufzusuchen, der sie auch hört und auf seiner Bucina (einem Blechblasinstrument) begleitet. Andere Hirten kommen hinzu, es wird getanzt. Dann macht man sich auf den Weg, den Heiland in der Krippe anzubeten. Einige der Hirten bleiben unter Vorwänden zurück und nutzen die Dunkelheit für Liebesspiele, wie aus dem anspielungsreich-frivolen, tändelnden Dialoggesang mehr zu ahnen als klar zu ersehen ist. An der Krippe bemerkt das lyrische Ich, daß Joseph nicht der Vater des Jungen sein kann, weil der ihm gar nicht ähnlich sieht. Die Hirten bringen ihre Gaben dar und das Lied endet mit der Anrufung des Königs der Könige und der Bitte um Vergebung der Sünden.

Gefülltes Weihnachtslied – Eines, bei dem sich französische und lateinische Textteile abwechseln.

Vom »Napo« zum Zimmer von Ernest La Jeunesse

Ab »Als ich 1907…« folgt der Text dem im Januar 1910 in *Les Marges* veröffentlichten Artikel der Serie »Contemporains pittoresques«. Ab »Er starb am 2. Mai 1917« entspricht er im wesentlichen dem Nachruf auf La Jeunesse, der am 16. Mai 1917 im *Mercure de France* erschien.

Nächte – Anspielung auf die Nachtgedichte des jungen Alfred de Musset (1810–1857), dessen *Bekenntnisse eines Kindes seiner Zeit* (1836) das Lebensgefühl der »postheroischen« Romantikergeneration artikulierten.

Netsuke – Kleine geschnitzte Figur, die in Japan zur Befestigung der Inro genannten Lackholzdose am Gürtel des Kimono diente.

Édouard Drumont (1844–1917) – Journalist und Agitator, Vordenker der nationalistischen Action Française. In seinem Buch *La France Juive* (1886, deutsch unter dem Titel »Das verjudete Frankreich«) behauptete er, die Republik sei von Juden, Freimaurern und Jakobinern unterwandert, und forderte den Ausschluß der Juden aus der Gesellschaft.

In der Manier von … – Dreibändige Pastiche-Sammlung von Paul Reboux und Charles Muller, 1908–13.

Das kleine Café – Lustspiel von Tristan Bernard (1911).

Revue Blanche – Anscheinend verwechselt Apollinaire den Sitz der *Revue Blanche* (Boulevard des Italiens, Rive Gauche) mit dem des *Mercure de France* (Rue de l'Échaudé-Saint-Germain, Rive Droite). Dort verkehrte Jarry, der Ernest La Jeunesse in seinem Roman *Die Tage und die Nächte* als Severus Altmensch verspottete.

Catulle Mendès (1841–1909) – Ästhetizistischer Lyriker, Dramatiker, Romancier, Kritiker, stand den Parnasse-Dichtern nahe und setzte sich mit Nachdruck für das Werk Richard Wagners ein. Sein Schlüsselroman *Le Roi vierge* (Der jungfräuliche König) über Ludwig II. von Bayern erschien 1881.

Maurice Barrès (1862–1923) – Romancier und ultranationalistischer Politiker, Verfasser u. a. der Romantrilogien *Le Culte du moi* (Der Kult des Ich, 1888–91), *Le Roman de l'énergie nationale* (Der Roman der nationalen Energie, 1897–1902) und *Les Bastions de l'Est* (Die Bastionen des Ostens, 1905–13).

Jean de Tinan (1874–1898) – Romancier und Journalist, Dandy, Ästhet, Décadent.

Die Quais und die Bibliotheken

Die erste Hälfte des Beitrags erschien am 16. Februar 1913 im *Mercure de France*, der Schluß ab »Eines Tages traf ich …« genau ein Jahr später am gleichen Ort.

In Berlin sah ich kürzlich – Auf Einladung von Herwarth Walden reiste Apollinaire im Januar 1913 mit Robert Delaunay zu dessen Ausstellung in der Galerie »Der Sturm« nach Berlin, wo er am 18. einen Vortrag hielt. Durch teils datierte Widmungsexemplare in Apollinaires Bibliothek sowie durch sein Adreßbuch läßt sich rekonstruieren, daß er einige Avantgarde-Autoren persönlich kennenlernte, etwa die nachfolgend genannten Albert Ehrenstein, Peter Baum, Alfred Döblin und Paul

Zech. Der ganze Absatz fiel der Überarbeitung für die Buchausgabe (1918/19) zum Opfer und wurde hier nach dem Artikel im *Mercure* ergänzt.

Marquis de Luchet – Jean Pierre Louis de la Roche du Maine (1740–92) Auf Empfehlung Voltaires wurde der gescheiterte Unternehmer und Zeitschriftenherausgeber 1776 Hofbibliothekar Landgraf Friedrich II. von Hessen-Kassel. Beim Umzug ins Fridericianum setzte er die Neuordnung der Bibliothek nach dem sogenannten französischen System durch; das daraus resultierende Chaos führte 1786 zu seiner Entlassung.

Abraham de Wicquefort (1598–1682) – niederländischer Historiker und Diplomat.

Sanin – Michail Arzybaschews Erfolgsroman (1907) rechtfertigt das Tun des amoralischen, dem sinnlichen Genuß ergebenen Titelhelden.

Willy – Pseudonym von Henry Gauthier-Villars (1859–1931), Schriftsteller und Ehemann von Colette, deren erste sechs Romane unter seinem Namen erschienen.

Die letzten Patronen (1873) – Bild des Militärmalers Alphonse de Neuville, zeigt die heroische Verteidigung eines Ardennendorfs 1870/71.

Rachilde – Pseudonym von Marguerite Eymery (1860–1953), der Gattin des *Mercure-de-France*-Verlegers Alfred Vallette.

Marie Claire – autobiographischer Roman über Audoux' Kindheit im Waisenhaus (1910).

Der Ring des Hans Carvel – Erotische Verserzählung.
Index – Zeigefinger.
In-18 Jésus – Großformat.
Drohnen – Auslassungen, in der deutschen Druckersprache Leichen.
Adolphe Thiers – liberaler Politiker (1797–1877), Wortspiel mit dem Homonym tiers/ ein Drittel.
Cinq-mars – Historischer Roman über den 1642 enthaupteten Verschwörer.

Das Kloster in der Rue de Douai

Erweiterte Fassung eines am 16. Februar 1914 im *Mercure de France* erschienenen Beitrags.

dieses von Voltaire mißbilligten Worts – Voltaire lehnte das Wort »mystifier« ab, weil es aus dem Argot stammte, vgl. dazu die folgende Anmerkung.

Poinsinet, Antoine Alexandre Henri (1735–1769) – französischer Dramatiker. Über ihn steht im *Conversations-Lexicon oder Encyclopädisches Handwörterbuch für gebildete Stände* (Stuttgart 1817): »Poinsinet verband mit einigem Talent eine ungemeine Unwissenheit in den gewöhnlichsten Dingen und eine gränzenlose Leichtgläubigkeit. Da seine Unwissenheit mit vieler Eitelkeit gepaart war, so konnte man ihm, wenn man diese in Anspruch nahm, die abgeschmacktesten Dinge aufheften. Ihn auf diese Weise lächerlich zu machen, trat eine eigne Gesellschaft von Spottvögeln zusammen, die unaufhörlich seine Leichtgläubigkeit benutzte, um ihn anzuführen, oder ihn zu *mystificieren*, welches Wort eigens für ihn in Gebrauch kam. Man spiegelte ihm vor, daß ausgezeichnete Frauen in ihn verliebt seyen, und gab ihm falsche Rendez-vous, ohne daß ihm die Augen aufgingen. Man schlug ihm vor, sich das Amt des Ofenschirms beim Könige zu kaufen, und bewog ihn, vierzehn Tage lang seine Schenkel zu rösten, um sich an die Hitze eines Kamins zu gewöhnen. Einst kündigte man ihm an, daß er in die petersburger Akademie aufgenommen werden solle, um an der Freigebigkeit der Kaiserin Theil zu nehmen, daß er aber dazu russisch lernen müsse. Er glaubte diese Sprache zu studiren und fand endlich nach sechs Monaten, daß er sich mit dem Niederbretagnischen beschäftigt habe. Monnet hat von seinen Memoiren den ganzen zweiten Band den Streichen gewidmet, die dem armen Poinsinet von der *Société des persifleurs* gespielt worden. Poinsinet war ein Freund vom Reisen; er hatte Italien besucht und wollte Spanien bereisen, als er 1769 im Guadalquivir ertrank. (Man vergleiche über ihn: Rameau's Neffe von Diderot.)«

Boronali – Der Romancier Roland Dorgelès machte sich über moderne Kunst lustig, indem er einen Pinsel am Schwanz eines Esels befestigte und drei so entstandene Bilder 1910 im Salon des Indépendants ausstellte. Angeblich stammten sie von dem »exzessivistischen« Maler Boronali – ein Anagramm von (Maître) Aliboron, Meister Langohr.

Der in mehr Städten geboren wurde als Homer – Anspielung auf den alten Streit über die Geburtsstadt Homers und auf Biraults Ulk: Der schickte hundert Politikern des Parti républicain radical et radical-socialiste sowie einem Minister Einladungen und bat sie, am 31. März in einer Stadt im Wahlkreis des jeweiligen Adressaten – dem angeblichen Geburtsort Simons – der Einweihung des Denkmals beizuwohnen. Die Angeschriebenen bemerkten zumeist nicht, daß der in Aussicht gestellte Pressebericht am 1. April erschienen wäre. Birault erhielt siebzehn Zusagen, ein Abgeordneter behauptete gar, Hégésippe Simon persönlich gekannt zu haben. Am 21. April machte Birault den Coup im *Éclair* öffentlich und schrieb: »Ich hatte schon begonnen, selbst an seine Existenz zu glauben, seit Staatsmänner seinen Namen im Munde führen.«

Caillot-Duval – Gemeinsames Pseudonym der Offiziere Pierre-Marie-Louis de Boisgelin de Kerdu und Alphonse de Fortia de Piles, die zahlreiche fingierte Briefe verfaßten. So machten sie eine Tänzerin der Opéra glauben, ein reicher russischer Prinz wolle sie als Mätresse, bestellten bei einem Instrumentenbauer dreißig Schiffshörner oder überschütteten einen Provinzliteraten mit Lobeshymnen. 1795 veröffentlichten sie die Briefe und Antworten unter dem Titel *Correspondance philosophique de Caillot-Duval (en garnison à Nancy) rédigée d'après les pièces originales et publiée par une société de littérateurs lorrains.*

des Verlegers von Katalog und Buch – Daniel-Henry Kahnweiler (1884–1979).

Club des Cent – 1912 gegründete Vereinigung berühmter Gastronomen wie Henri Gault, Christian Millau und Curnonsky.

Berthas und Gothas – Die als »Dicke Bertha« bekannte Krupp-Kanone und die Bombenflugzeuge der Firma Gotha.

DIE GARKÜCHE MICHEL PONS

Aus dem *Mercure de France* vom 16. Juli 1914; der letzte Absatz wurde für die Buchausgabe hinzugefügt.

Les Chants d'un déraciné – Zwei Bücher von Michel Pons (1864–1934) befanden sich in Apollinaires Bibliothek, die okzitanischen Gedichte *Les Chants d'un déraciné* (1914) und *De mon village à Paris* (Von meinem Dorf nach Paris. Erinnerungen eines ehemaligen Kandidaten der Académie Française, 1914). Sie sind »dem mutigen Kunstkritiker« bzw. »dem wahren Freund« gewidmet.

René Dalize (eigentlich René Dupuy, 1879–1917) – Journalist, Lyriker, Romancier kreolischer Abstammung, Freund Apollinaires seit der gemeinsamen Schulzeit auf dem Collège Saint-Charles in Monaco und Ghostwriter seiner Unterhaltungsromane *La Fin de Babylone* und *La Rome des Borgia* (beide 1914).

La Théorie du succès – Auch dieses Buch befand sich in Apollinaires Bibliothek. Es erschien 1914 mit einem

Brief des Literaturnobelpreisträgers Frédéric Mistral und trägt die Widmung: »Für Guillaume Apollinaire, den Holzfäller der Kunst und Pilger der Schönheit, zur Erinnerung an den schönen gemeinsam verbrachten Abend, bei dem ich ihn als redlichen Kritiker, gebildeten Künstler und feinfühligen Autor kennenlernen konnte.«

In Nîmes neben dem Brunnen – Tatsächlich heißt es in dem in verschiedenen Mundarten verbreiteten Lied: »In Nîmes neben dem Brunnen / Da steht ein Mandelbaum / Der schon im Januar / Weiße Blüten hat.« Und dann, mit Bezug auf das Vöglein vom Beginn des Lieds: »Auch wenn es immer singt / Es singt doch nicht für mich / Es singt für meine Liebste / Die nahe bei mir ist.«

Ein unbekanntes Napoleon-Museum

Bis auf die hinzugefügten ersten beiden Sätze ist das Kapitel mit Apollinaires Kolumne im *Mercure de France* vom 1. Mai 1914 identisch.

Von dem Museum konnte keine Spur mehr gefunden werden.

Der Keller von Monsieur Vollard

Das Kapitel stimmt bis auf zwei Ergänzungen mit Apollinaires Kolumne im *Mercure* vom 1. Juni 1913 überein.

seine Erinnerungen – Die »Erinnerungen eines Kunsthändlers« von Ambroise Vollard (1865–1939) erschienen 1937 auf französisch und 1957 auf deutsch.

die Speisen – »Das Menu bestand in erster Linie aus einem Gericht, auf das ich nicht wenig stolz war: Curry-Huhn, das Nationalgericht der Insel Réunion.« (Ambroise Vollard, Erinnerungen eines Kunsthändlers)

Dichterfürst – Der wie Vollard auf Réunion geborene Léon Dierx (1838–1912) war Schüler von Leconte de Lisle und einer der angesehensten Parnasse-Dichter. Nach Mallarmés Tod 1898 wurde er in zwei parallel durchgeführten Zeitungsumfragen zum »Dichterfürsten« gewählt.

Forain – Henri-Louis, genannt Jean-Louis Forain (1852–1931), Maler, Zeichner, Karikaturist, Freund von Rimbaud und Verlaine, Wegbegleiter der Impressionisten.

usw. usf. – Im Manuskript folgt eine durchgestrichene und nicht veröffentlichte Passage: »Ich glaube, in diesem Keller hatte Graf Kessler, von dem es hieß, er sei der leibliche Bruder des Kaisers, und der sich als großer Liebhaber der französischen Kunst gerierte, während er zweifelsohne den Krieg vorbereitete, die Idee zur lange vorbereiteten und annoncierten Ausgabe der *Bucolica* und *Georgica*. Aristide Maillol erhielt den Auftrag, Holzschnitte zur Übertragung von Marc Lafargue anzufertigen. Doch der Bildhauer entschied, daß man dafür eigene Lettern und ein besonderes Papier brauche. Er gravierte die Lettern und unternahm Versuche, das gewünschte

Papier selbst herzustellen. Und jetzt wird es für teures Geld eigens angefertigt.«

Germain Nouveau (1851–1920) – Freund von Rimbaud und Verlaine, 1891 Wahnsinnsanfall und mehrmonatiger Krankenhausaufenthalt, danach Bettler; Pilgerreisen u. a. nach Santiago de Compostela und Rom. Lehnte Veröffentlichungen seiner Gedichte ab und ging gerichtlich dagegen vor.

Benoît Labre (1748–1783) – wurde von mehreren Orden als für das Klosterleben ungeeignet abgelehnt und lebte auf der Straße; Pilgerreisen u. a. nach Santiago de Compostela und Rom. 1881 heiliggesprochen, Schutzheiliger der Bettler, Obdachlosen und Künstlermodelle.

Paul Fort (1872–1960) – Dichter und Dramatiker, Vertreter des Symbolismus, gründete 1905 die Zeitschrift *Vers et prose*.

Nachwort

Apollinaires letztes vollendetes Buch *Le Flâneur des deux rives* erschien einige Monate nach seinem Tod, im Frühjahr 1919. Das Projekt wurde wohl Anfang 1918 angebahnt, als die von seinem Freund Blaise Cendrars mitgegründeten Éditions de la Sirène Manuskripte suchten. Vermutlich ging die Initiative von Jean Cocteau aus, einem Autor des Verlags. Ende April bat er Apollinaire brieflich, »den Titel des für La Sirène reservierten Romans« zu nennen.

Man weiß nicht, ob der in Rede stehende Roman etwas mit dem später begonnenen und Fragment gebliebenen Text *Les Clowns d'Elvire ou les caprices de Bellone* zu tun hatte oder mit der 1917 begonnenen, ebenfalls unvollendeten *Femme assise* (Die sitzende Frau). Statt des Romans gab Apollinaire dem Verlag letztlich eine Auswahl seiner literarischen Feuilletons aus den Jahren 1910–18. Er überarbeitete Beiträge für seine Kolumnen im *Mercure de France* (La Vie anecdotique) und in *Les Marges* (Contemporains pittoresques). Einige faßte er zu größeren Kapiteln zusammen, zu denen er Überleitungen schrieb.

Dem *Mercure de France* fühlte sich Apollinaire besonders verbunden, seit dort 1909 sein Langgedicht *La Chanson du Mal-Aimé* (Das Lied des Ungeliebten) erschienen war. Die Zeitschrift gehörte zu den einflußreichsten der Epoche, zu ihren Autoren zählten André Gide, Paul Claudel, Alfred Jarry, Jules Renard, Stéphane Mallarmé, Marcel Schwob und Jean Moréas. Zudem zeichnete sie sich durch eine damals nicht selbstverständliche Weltoffenheit aus. So druckte sie die ersten Nietzsche-Übersetzungen und setzte sich früh und nachdrücklich für Ibsen und Dostojewski ein. Apollinaire war auch Gast des illustren Salons, den die Gattin des Verlegers, die Schriftstellerin Rachilde, jeden Dienstag veranstaltete.

Für *Les Marges* (Die Ränder) dagegen war der Name Schicksal, wenn nicht sogar Programm. Die Zeitschrift wurde 1903 von Eugène Montfort gegründet, der auch ihr einziger Redakteur war, und bestand 33 Jahre, ohne aus einer gewissen Obskurität herauszutreten.

Die Arbeit an dem Buch kam nur langsam voran, vor allem wegen des notorisch saumseligen und überlasteten Apollinaire, der seit seiner Verwundung im März 1916 auch sehr geschwächt war. Die Rohfassung lag wahrscheinlich im Frühsommer 1918 vor. Das Manuskript, das sich in der Pariser Bibliothèque littéraire Jacques Doucet befindet, besteht aus 56 Blättern mit aufgeklebten Artikeln und zahlreichen handschriftlichen Ergänzungen und Korrekturen. Diese erste Version begann mit dem späteren fünften Kapitel, damals noch »Das Napo und La Jeunesse«.

Auf Cocteaus Bitte, sich auf einen Titel festzulegen, entweder *Le Flâneur des deux rives*, *Promenades littéraires*, *Le Flâneur littéraire* oder *Promenades sur les deux rives*, erwiderte Apollinaire: »Ich glaube, der einfachste Titel wäre *Flâneries parisiennes* oder *Le Flâneur parisien*. Aber nennen Sie es, wie Sie wollen.« Cocteau entschied sich für den erstgenannten Titel. Apollinaire und auch Cendrars lasen Korrektur. Das Imprimatur erteilte der Verlagsmitarbeiter Richard Cantinelli, der dem Drucker in Mâcon am 9. Januar 1919 schrieb: »Ich weiß nicht, wer Apollinaire korrigiert hat, der kürzlich gestorben ist, aber ich glaube und behaupte sogar, Sie können die Druckfreigabe als erteilt betrachten und zur Tat schreiten.«

Die Erstausgabe hatte kein großes Echo; es blieb bei zwei Besprechungen, eine positiv, eine negativ. Mehr Beachtung fand 1928 die Neuausgabe bei Gallimard. Inzwischen hatte der einst von Apollinaire so getaufte Surrealismus einige vorzügliche Flaneurbücher hervorgebracht, wie Louis Aragons *Le Paysan de Paris* (Der Bauer von Paris, 1926) und André Bretons *Nadja* (1928). Walter Benjamin, durch seine Beschäftigung mit Baudelaire für das Thema eingenommen, sprach in seiner Rezension von Franz Hessels *Spazieren in Berlin* (1929) von einer »Wiederkehr des Flaneurs« und nannte Apollinaire einen »Klassiker der Flanerie«. Kurz zuvor hatte er die Neuausgabe des *Flâneur des deux rives* in der Frankfurter Zeitung unter dem Titel »Bücher, die übersetzt werden sollten« besprochen:

»Apollinaire ... hat sich mit so angespanntem Fühlen an den Augenblick verloren und doch, zugleich, so eigenwillig im Vergangenen sich behagt, daß er viel eher als irgendwelchen Dichtern oder Künstlern den großen anonymen Schöpfern der Pariser Mode vergleichbar ist. In der Tat, solange dieser Mann lebte, ist keine radikale, exzentrische Mode in Malerei oder Schrifttum erschienen, die er nicht geschaffen oder zumindest lanciert hat. Mit Marinetti gab er, in seinen Anfängen, die Losungen des Futurismus aus; dann propagierte er Dada; die neue Malerei von Picasso bis zu Max Ernst; zuletzt den Sürrealismus, dem er in der Vorrede seines letzten Dramas *Les Mamelles de Tirésias* den Namen schenkte. Das Eigentümliche aber war, daß im Stil seines Schreibens und Daseins all diese Theorien und Parolen schon wie bereit lagen. Er holte sie aus seiner Existenz wie ein Zauberer aus dem Zylinderhut, was man gerade von ihm verlangt: Eierkuchen, Goldfische, Ballkleider, Taschenuhren.«

Benjamin wußte sehr wohl, daß Apollinaires Kolumnen oder »Chroniques«, wie man sie in Frankreich nennt, mit diesen Theorien nur am Rande zu tun hatten, und er hob seine Fähigkeit hervor, »Kitsch, Klatsch und Kunst in einem und demselben Lebensraume, dem seines eigenen Daseins, zu organisieren«. Er bemerkte auch, daß sein ästhetischer Avantgardismus, anders als etwa bei den Futuristen, sich mit einem melancholisch getönten Wohlgefallen an historischen Orten und Traditionen die Waage hielt.

Obschon alles andere als ein theoretisierendes

Buch, macht der *Flaneur in Paris* auch Elemente von Apollinaires Poetik sichtbar: seine Empfänglichkeit für das Überraschende, Regellose, für den poetischen Reiz von Graffiti, abgerissenen Plakaten und banalen Objekten, für Überblendungen von Realität und Fiktion. Mehr als sonst zeigt sich Apollinaires Freude an Mystifikationen, besonders an denen von Fernand Fleuret, Ernest La Jeunesse und Paul Birault. Auch er hat sich in diesem Sport geübt. So fingierte er 1909 unter dem Pseudonym Louise Lalanne einen Artikel über »weibliche Literatur«, der in *Les Marges* erschien.

Apollinaire galt als sehr belesen, Paul Léautaud drängte ihn einmal zu gestehen, aus welchen verborgenen Quellen er sein Wissen schöpfe, doch er wies solche Vorstellungen stets lachend ab. Er war wohl ein Genie der Anverwandlung, ein Meister auch des geistigen Flanierens, der mit seinen wachen Sinnen selbst aus Bruchstücken und Aufgeschnapptem etwas machen konnte und im übrigen, ganz im Einklang mit seiner Ästhetik, um Sprünge und gelegentliche Inkohärenzen völlig unbesorgt war. Von den Bibliotheken, die er im sechsten Kapitel beschreibt, dürfte er nur einige (Paris, Nizza, Lyon, Berlin) selbst gekannt haben. Für die anderen (Quimper, Fort-de-France, Neuchâtel, Sankt-Petersburg, Helsingfors, New York) verließ er sich auf Erzählungen von Freunden, wie Max Jacob, René Dalize und Blaise Cendrars.

Ein ähnliches Bild zeichnet Pierre Mac Orlan in seinen Erinnerungen: »Der Dichter offenbarte oft einen großen Erfahrungsschatz, den er bei zufälligen Begegnungen mit dem Leben in zufälligen Straßen erworben hatte, von denen er aber nur das behielt, was seinem Abenteuer Nahrung gab. Die Straßen, die ihn ergreifen konnten, fehlten auf den Stadtplänen von Paris. Sie hießen Rue Marcel Schwob, Rue Andréa de Nerciat, und manche kannte niemand außer ihm.« (Retour de Guillaume Apollinaire, 1954)

Obwohl die meisten Texte des *Flaneurs in Paris* vor 1914 entstanden sind, ist der Krieg fast überall präsent. Es gibt ein Davor und ein Danach, die miteinander abgeglichen werden, und die Vorkriegszeit überzieht schon langsam ein Schleier der Verklärung. Doch Apollinaire war nachgerade stolz auf sein Soldatentum. Er meldete sich freiwillig, wurde aber erst im zweiten Anlauf eingezogen, nach seiner Einbürgerung im Dezember – der aus Rom gebürtige uneheliche Sohn einer Polin und eines Italieners hatte nämlich einen russischen Paß.

Der Kriegsausbruch beraubte ihn eines Großteils seiner Einkünfte: Der *Mercure de France* stellte vorübergehend sein Erscheinen ein, andere Zeitungen verschwanden ganz oder verlangten vaterländische Prosa. Auch die Editionsarbeit für die Buchreihe »Les Maîtres de l'Amour« seiner Freunde Georges und Robert Briffaut kam zum Erliegen, weil die beiden zum Militär gingen.

Somit war die Kriegsteilnahme für Apollinaire von der Frage des Lebensunterhalts nicht zu trennen. Sicher ging es ihm auch darum, dem Land, in dessen Sprache er schrieb und das ihm so vielfältige Möglichkeiten eröffnet hatte, seine Solidarität und Dankbarkeit zu erweisen. Elf Monate nach seinem Dienstantritt war er Offizier. Er kämpfte bis zu seiner Verwundung am 17. März 1916, die eine lange und komplizierte Krankengeschichte einleitete. Fortan sah man ihn mit dem berühmten Kopfverband, mit dem ihn Picasso, Cocteau, André Rouveyre und andere gezeichnet haben. Das Militär entließ ihn nicht, sondern stellte ihn zur Pressezensur ab. Erst im Juli 1917 konnte er ins Kolonialministerium wechseln und gewann wieder größere Freiheiten.

Bei der Zusammenstellung des *Flaneurs in Paris* wollte er eine Passage mitten im Krieg offenbar nicht erneut veröffentlichen: die Reminiszenz an seinen Berlinbesuch im Januar 1913. Er strich sie aus dem Kapitel »Die Quais und die Bibliotheken«. Sie wurde hier wieder eingefügt.

Am 9. November 1918 starb Apollinaire an der Spanischen Grippe. Als Paul Léautaud zwei Tage später den aufgebahrten Freund besuchte, feierte man gerade den Waffenstillstand. Die Menge zog unter den Fenstern vorbei und machte ihrer Verachtung für den deutschen Kaiser Luft: »Conspuez Guillaume! Conspuez Guillaume!« (Nieder mit Wilhelm!).

Gernot Krämer

Für guten Rat und Unterstützung dankt der Übersetzer Heide Lipecky, Elena Mendoza, Cécile Wajsbrot, Klaus Ferentschik und Hanns Grössel.

Wolffs Broschuren

ANTON ČECHOV *Angst. Sieben Geschichten von der Liebe.*

Aus dem Russischen neu übersetzt von Peter Urban,
152 Seiten, ISBN 978-3-921592-95-3

»Sieben Geschichten von der Liebe, die selbstverständlich Angst heißen, die es flugs zu lesen gilt: weil es kaum einen gibt, der über die Zwischenräume der Seele, die faltigen und porösen Stellen, das Zögern und Lahmen des Herzens, so ganz genau Bescheid weiß wie Anton Čechov.«
Elke Schmitter, Süddeutsche Zeitung

JOSEPH CZAPSKI *Proust. Vorträge im Lager Grjasowez.*

Aus dem Französischen von Barbara Heber-Schärer.
Mit einem Nachwort von Lore Ditzen,
96 Seiten, ISBN 978-3-932109-47-8

»Dieses kleine Buch zeigt einen großen Proust-Kenner: den polnischen Schriftsteller und Maler Joseph Czapski (geboren 1896 in Prag). Seine Vorträge über »Die Suche nach der verlorenen Zeit« diktierte er im Winter 1940/41 in einem sowjetischen Lager heimlich. Das Ergebnis: eine luzide Proust-Einführung eines Tolstoi-Lesers und Stalinopfers.«
Lothar Müller, Süddeutsche Zeitung

bei der FRIEDENAUER PRESSE *Berlin*

Der Titel der französischen Ausgabe lautet *Le Flâneur des deux rives*. Die Übersetzung folgt der Pléiade-Ausgabe der Editions Gallimard, Paris 1993.

3. Auflage 2018
Copyright © 2011 Friedenauer Presse GmbH,
Göhrener Str. 7, 10437 Berlin
Alle Rechte vorbehalten
Die Herstellung übernahm Hermann Zanier, Berlin
Gesetzt aus der Walbaum Antiqua in Anlehnung
an den Bleisatz von Harald Weller, Berlin
Umschlag von Horst Hussel, Berlin, neu bearbeitet
von Pauline Altmann, Berlin
Gedruckt und gebunden von Art-Druk, Szczecin
ISBN 978 3 921592 87 4
www.friedenauer-presse.de